FRENCH
for Business Studies

Françoise Delbourgo
and Paul Taylor

PITMAN
PUBLISHING

Pitman Publishing
128 Long Acre, London WC2E 9AN

A Division of Longman Group UK Limited

First published in 1993
© Longman Group UK Ltd 1993

British Library Cataloguing in Publication Data
A CIP catalogue record for this book can be obtained from
the British Library.

ISBN 0 273 60134 2

Typeset by Pantek Arts, Maidstone, Kent.
Printed and bound in Great Britain, by Clays Ltd, St Ives plc.

The
publisher's
policy is to use
**paper manufactured
from sustainable forests**

Contents

Acknowledgements

We would like to extend our thanks to the companies and individuals who have helped in the preparation of this book, and in particular Effix Systèmes, Digital Equipment, la Chambre de Commerce et d'Industrie de Paris, Lever France, l'Etudiant, our former students Kathleen Obez and Karine Pinson, friends and colleagues Irene Wells, Jean-Claude Tessonneau, Jacqueline Lenglet and especially Christian Zimmermann of the University of Reims.

Christine Taylor has helped throughout with the preparation of textual material and activities, and provided much useful advice.

Finally we would like to offer our sincerest gratitude to Alison Buckley for her expert management of the word-processing and preparation of the manuscript, and on whose support the successful completion of the book has depended.

For further reference

Business skills

Rondant, Gérard *Le guide du CV*, L'Etudiant, Collection l'Etudiant pratique, (1988).

Davies, Susan and Esnol, Armel *Bilingual handbook of business correspondence and communication*, Prentice Hall International, (1989).

Deutsch, J.J. *Communication interne et management*, Les éditions Foucher, (1990).

IRCOM *Le Guide pratique de la communication*, 2 ème édition, Eyrolles, (1991).

Vial, Patrick *Pratique de la correspondance*, Guides Bordas, (1992).
Fayet, Nicole and Imbert-Nishimata, A. *Le Français commercial*, Bordas, (1990).

Burgess, Christine and Rowlands, Catherine *Telephone French*, Hodder and Stoughton, (1991).

Grammar

Coffman Crocker, Mary *French Grammar,* 3rd edition, Schaum's Outline series, McGraw-Hill, (1990).

Delatour, Y. *et al Grammaire du français d'aujourd'hui*, Cours de civilisation française de la Sorbonne, Hachette, (1991).

Byrne, L.S.R. and Churchill, E.L. *A Comprehensive French Grammar*, 3rd edn., Blackwell, (1986)

Worth Stylianon, Valerie *French: a handbook of grammar, current usage and word power*, Cassell Language Guides, (1992).

Bérard, E. and Lavenne, C. *Modes d'Emploi: grammair utile du français*, Hatier, (1989).

Morton, Jacqueline *English grammar for students of French*, Olivia and Hill Press, Ann Arbor, Michigan, (1989).

Introduction

French for Business Studies is a self-contained course for students taking French as part of a business programme. Addressing the needs of the non-specialist linguist, it is designed to be used in the context of an inter-disciplinary programme.

The course aims to:

- provide the student with the necessary **communicative skills** to be able to cope in a French business environment;
- help the student to **make the transition** from learning French in school to language learning in higher education;
- give an introduction to the **business and economic environment** in France;
- furnish the student with a relevant and user-friendly **grammatical support**;
- provide a range of **activities** suitable for class-, pairwork and individual practice;
- achieve a **balance of material and activities** to cater for listening, speaking, reading and writing skills.

French for Business Studies is most suited to students with A-level French or equivalent. The units are progressive and build up to a level of competence sufficient to enable students to undertake an exchange study period or work placement in France. Together with the set of cassettes for listening comprehension and structural exercises, there is enough material for one year's intensive study of the language, though the course could be taught over two years at a more relaxed pace.

Each of the 10 units has a separate business theme and is divided into 4 sections.

The *texte d'introduction* in **Section A** provides students with some initial reading on the subject and the topic layout for a lecture. The *activités de recherche* that follow range from finding out dates and figures to longer business research projects.

Section B consists of the *texte de compréhension*, a text on a contemporary issue from the unit theme, together with a glossary and comprehension questions in French. As well as serving as a basis for introducing language functions common in written texts, this section contains challenging material for reading comprehension and a stimulus for classroom discussion. The activities that follow the text are intended for class work and include: *thèmes de discussion*, controversial topics for debate; *réunions-débats* or *simulations*, where groups of students play different roles in authentic situations to reach a decision or solve a problem; and *études de cas*, for analysis and presentation.

Section C deals with points of grammar usually arising out of the text in the previous section. The grammar is explained using examples from business situations, and supported by practice exercises which include:

- structural exercises, realistic dialogues recorded on cassette for use in the language laboratory or at home;
- question and answer exercises;
- sentence or text completion exercises.

Section D focuses on a communicative business skill in French and provides the student with a model for analysis and a task to complete.

Unit 1

LA TECHNOLOGIE

A *Texte d'introduction*

Pays tout en contraste de par son climat, sa géographie, la diversité de ses régions et de ses cultures, la France l'est aussi de par une attitude conservatrice face aux exigences de la vie actuelle et un modernisme poussé qui la met à la pointe de la technologie. Dans certains domaines tels que la télématique, le ferroviaire, l'aéronautique, l'aérospatiale et le nucléaire, la France est l'un des leaders mondiaux.

Examinons de plus près quelques innovations technologiques où la France a joué un rôle important.

L'informatique a décollé en dépit d'un développement tardif. Malgré le rapport Nora Minc[1] qui remonte à 1977 et qui préconisait l'informatisation de la société, l'Etat d'une part, les entreprises de l'autre, ne se sont guère pressés pour généraliser l'usage de l'ordinateur, si bien que, au début, la France s'est trouvée à la traîne par rapport à d'autres pays, en particulier les Etats-Unis. L'entrée de l'informatique dans le monde du travail s'est donc opérée avec lenteur. De plus, celle-ci a été ressentie comme une intrusion de la part du personnel non formé qui a éprouvé, d'instinct, une méfiance envers ces machines, si ce n'est manifesté un refus systématique d'acquérir les connaissances nécessaires à leur emploi. Bien que le marché de l'informatique soit dominé par les constructeurs étrangers (et surtout américains), le français Bull (auparavant Honeywell-Bull), grâce à sa politique de restructuration, se trouvait en 5e position en 1990, mais en tête du marché français des grands systèmes.

De nos jours, les ordinateurs font partie intégrante des outils d'une entreprise si elle veut rester compétitive. Le dirigeant s'en sert pour gérer, contrôler, décider. Il lui faut des logiciels de plus en plus pointus pour parvenir à ses fins. Parmi les applications les plus répandues, on peut citer la comptabilité générale, la gestion des stocks, des commandes, du personnel, le contrôle financier. Viennent ensuite la messagerie électronique, avec bureautique intégrée, la CAO (conception assistée par ordinateur) qu'on utilise, par exemple, pour simuler les fabrications d'avions ou de voitures, et l'IA (intelligence artificielle) où Bull apparaît comme le leader.

Dans le monde de la distribution, la révolution a été celle du code-barres ou système GENCOD (Groupe d'Etudes et de Normalisation de la Codification). Il date de 1974 et est

[1]Rapport Nora Minc: rapport sur l'informatique, écrit à la demande du gouvernement français, par messieurs Nora et Minc.

1

inscrit à l'EAN (Association Européenne pour la Numérotation des articles, de l'anglais European Article Numbering) créée en 1977. Il est généralisé à l'Europe et permet la lecture de l'article à l'aide d'un scanner (lecture optique) ou d'un crayon-lecteur. Grâce à ce système, on attend moins longtemps aux caisses, on évite les erreurs de frappe et on connaît toutes les données sur le produit.

Si la pénétration de l'informatique s'est avérée difficile dans le monde du travail, elle a été relativement facile dans les foyers français grâce au *Minitel*, lancé par France Telecom, et qui a familiarisé le grand public à l'ensemble clavier-écran.

Les télécommunications alliées à l'informatique (la télématique) ont permis à la France de combler son retard dans le domaine des communications. Avec Teletel, le système et la norme du vidéotex français, connu sous le nom de son terminal Minitel, le pays se place au premier rang pour l'utilisation des terminaux à domicile. Après un lancement expérimental à Vélizy en 1981, on en comptait un parc de 6 millions en 1992 (particuliers et entreprises confondus) avec 17 000 services proposés.

Comment expliquer un tel développement?

- Par une distribution gratuite à tout abonné du téléphone qui désirait l'annuaire électronique à la place de l'annuaire papier.
- Par la simplicité de son utilisation, avec des codes faciles à retenir, en particulier les fameux 3615, 3616 ou 3617 suivis du nom d'un produit, d'une société ou d'un service.
- Par une facilité de branchement.
- Par l'instauration de la tarification kiosque indépendante de la distance.
- Par l'ouverture du kiosque professionnel en 1987 qui a donné aux entreprises l'accès aux services professionnels.

Par l'intermédiaire du Minitel l'usager peut se procurer toutes sortes d'informations actualisées en permanence dans les domaines les plus divers. Avec une carte à puce (à mémoire) branchée sur la prise du Minitel et un code secret, ou peut effectuer des transactions boursières (achat/vente de titres) ou bancaires (transferts de fonds, virements, règlements d'achats commandés sur l'écran aux entreprises de VPC – vente par correspondance). En outre, nombre d'entreprises s'en servent pour la gestion commerciale et financière, la prospection et le suivi des clients, la messagerie.

Si le Minitel a fait un malheur en France, il n'est guère utilisé hors frontières par suite de l'existence de normes différentes ne serait-ce qu'au sein de la CE (systèmes Prestel en Grande-Bretagne, BTX en Allemagne).

On assiste à l'heure actuelle au développement des applications multimédia via le RNIS français (Réseau numérique à intégrations de données) appelé *Numéris* par France Télécom. Sont intégrés l'image et le son. Inauguré en 1987 dans les Côtes du Nord, il est aujourd'hui étendu à toute la France. Ainsi, la bibliothèque du Centre Beaubourg s'en sert pour la télé-consultation d'une banque d'images, la FNAC pour l'écoute des nouveautés du disque com-pact avec son audio catalogue, Glaxo pour la consultation de documents à distance .... De surcroît, le visiophone, mis au point par le CNET (Centre National d'Etudes des Télécom-munications) et raccordé à Numéris, permet déjà de se voir au téléphone. Si la reconnais-sance vocale est encore à l'état embryonnaire, certaines sociétés comme la Redoute (VPC) utilisent la télématique vocale pour l'enregistrement de la passation de commandes.

A la différence de l'Angleterre, la France ne possède pas de sources d'énergie fossile qui lui permettent de subvenir à ses besoins énergétiques. C'est pourquoi les pouvoirs publics se sont résolument tournés vers le nucléaire (le CEA, le Centre d'énergie atomique, remonte à 1945) pour l'électricité dont 70 pour cent proviennent des centrales nucléaires. Après 1973, à la suite du premier choc pétrolier et de la flambée des prix du pétrole, le gouverne-ment a mené une politique double pour libérer la France du joug de la dépendance énergé-tique. D'une part, il a créé l'Agence pour les économies d'énergie (1974) qui propose les mesures à prendre et est à la tête de la politique d'énergie. L'équipement nucléaire s'accélère; apparaissent les surgénérateurs qui fonctionnent avec un mélange d'uranium naturel et de plutonium (ce dernier extrait des déchets radioactifs retraités à la Hague). La France s'est avérée comme le leader mondial de cette technique avec superphénix construit sur lc site de Creys-Malville près de Lyon. D'autre part, l'Etat a poussé au développement d'énergies de substitution nationales et, si possible, moins onéreuses que le pétrole. Divers-es agences, notamment l'AEME (l'Agence de l'Environnement et de la maîtrise de l'énergie) sont responsables aujourd'hui des énergies de remplacement parmi lesquelles on peut citer les énergies éolienne, géothermique, marémotrice et solaire.

Mais celles-ci ne produisant qu'un pourcentage minime de la consommation énergétique du pays, l'enthousiasme du début s'est refroidi. Quant au programme nucléaire, depuis les divers accidents survenus dans le monde (Three Mile Island, 1979; Tchernobyl, 1986) il s'est ralenti et l'avenir de superphénix, fermé pendant deux ans pour cause de fuites du réacteur, demeure incertain. Par ailleurs, sous la pression des écologistes, la recherche pour la production d'énergie propre continue.

Conséquences de la technologie sur l'emploi et la formation

Face à l'hypercompétitivité et à l'internationalisation des marchés, les entreprises ont dû améliorer leur productivité par l'introduction de machines, d'automates, d'ordinateurs de façon à réaliser des gains de temps et surtout des économies d'emplois. Sont particulière-ment menacés ceux qui n'ont pas de formation adéquate et qui éprouvent des difficultés à s'adapter à la nouvelle technologie.

Toutefois, celle-ci n'a pas que des effets négatifs sur l'emploi. Ceux qui auront acquis une solide formation technique de base et auront suivi des stages de formation réguliers au sein de leur entreprise seront en mesure de relever les défis renouvelés des innovations tech-nologiques. Le type de travail se modifiera en fonction de deux phénomènes: la générralisa-tion de l'informatique et la pression des mouvements pour la protection de l'environ-nement. En effet, le développement technologique doit se faire non seulement dans l'optique d'une production plus efficace, mais aussi d'une meilleure qualité de vie.

Cependant et malheureusement, il existera toujours un décalage entre les personnes et les entreprises qui ne pourront pas suivre l'évolution en cours et celles qui auront su prendre le train en marche, si ce n'est le devancer, pour affronter les années 2 000.

Références

Rincé, Jean-Yves, *Le Minitel,* collection 'Que sais-je?' PUF, (1990).
Michaud, Guy et Kimmel, Alain *Le Nouveau Guide France,* Hachette, (1990).
'L'année technologique 1991'; 'Une fringale de téléservices', *L'Entreprise* no.76, janvier 1992.
'La longue marche du Numéris, le RNIS de France Télécom', *Info,* janvier/février 1991.
'Teletel, ou l'histoire du vidéotex français', *Info,* janvier/février 1992.
Le Monde informatique no. 490, 2 mars 1992.
'Superphénix en sursis', *Le Monde,* 1er juillet 1992.
'Le Capital Techno', *Science et vie économie,* avril 1991.
'Postes et Télécoms: le souffle de l'esprit d'entreprise', *Science et vie économie,* hors série 1991/92.

Activités de recherche

1 Donnez les dates des grandes étapes de l'évolution des communications et, s'il y a lieu, le nom de l'inventeur, de la société, et dans quel pays.

(i) Invention du télégraphe optique qui permet une réception quasi-instantanée du message.
    Nom de l'inventeur:
    Date:

(ii) Mise au point du téléphone.
    Nom:
    Date:
    Pays:

(iii) Premières transmissions de la voix sans fil (les premières radios étaient appelées TSF).
    Nom:
    Date:

(iv) Mise en place du premier service télex.
    Date:
    Pays:

(v) Début des premières émissions régulières de télévision.
    Date:
    Pays:

(vi) Lancement des premiers satellites.
    Date:
    Pays:

(vii) Lancement de l'expérience TELTEL 3V (télématique grand public).
    Date:
    Pays et ville:

(viii) Distribution gratuite de l'annuaire électronique.
    Date:
    Pays:

(ix) Lancement du satellite Télécom 1A par la fusée européenne Ariane:
    Date:
    Pays:

(x) Apparition des premier réseaux de vidéo-communication:
    Date:

(xi) Ouverture du RNIS (réseau numérique à intégration de services):
    Date:

(xii) Lancement du CDI (Compact Disque Interactif) en Europe:
    Nom de la société:
    Date:

2 Minitel. Choisissez une ou deux grandes entreprises dans l'un des secteurs suivants – électroménager; tourisme; automobile (ventes/réparation/dépannage); alimentation (plats cuisinés); sanitaire (équipement/réparation/dépannage). Déterminez les services offerts par l'entreprise par Minitel. S'agit-il dans chaque cas d'un service alternatif, complémentaire ou supplémentaire à la gamme de services offerts par d'autres médias? Quels médias ont été remplacés (mailing, téléphone, journaux ou autres)? Quels sont les avantages du Minitel pour l'entreprise comme pour le client? Y a-t-il aussi des inconvénients?

3 Quel a été le développement de l'informatisation de votre école ou université? Quelles technologies (ordinateurs, télécommunications, équipement pédagogique) ont été accueillies favorablement par les professeurs et le personnel administratif, et lesquelles ont été moins bien appréciées? Renseignez-vous auprès des différents responsables.

De quelles modifications technologiques votre école a-t-elle besoin? Expliquez pourquoi et comment ce nouvel apport faciliterait le travail de l'école.

4 'Vorsprung durch Technik'. Les Allemands d'accord, mais les entreprises françaises savent-elles vendre la technologie? Cherchez dans des magazines français des publicités qui vantent les atouts technologiques des produits ou des entreprises françaises. Quels slogans, quelles images publicitaires sont utilisés? (*Voir* Unit 9, La publicité.)

5 Quelles seront les conséquences, et pour l'entreprise et pour le public de la réalisation du projet multimédia RNIS (Réseau Numérique à Intégration de Données)?

B *Texte de compréhension*

GRANDEURS, MISERES ET SERVITUDES DES CADRES DEVANT LEUR ECRAN

Enquête Cécile Dollé

Un bureau? 'Je pourrais m'en passer.' Des horaires? 'Je n'en ai pas.' Une secrétaire? 'Plus besoin.' Stéphane n'est ni un travailleur indépendant, ni un chômeur, ni un hurluberlu, mais un cadre rangé, responsable d'un service marketing au sein d'une grosse compagnie d'assurances. Passionné d'informatique, il a bâti 'son' univers de travail. Equipé chez lui d'un micro-ordinateur, il produit ses études et ses calculs statistiques, envoie ses documents par fax à ses collaborateurs. Connecté par Minitel à la messagerie de l'entreprise, il peut consulter son courrier à tout moment. En déplacement 80 pour cent de son temps, il n'est plus obligé de revenir au bureau le soir. 'En quinze jours, je n'y suis passé que deux fois', se vante-t-il. 'Je reste présent, tout en étant absent physiquement.'

Oiseau rare? Pionnier plutôt. Il y a dix ans arrivaient dans l'entreprise les premiers micros: les cadres les ont d'abord accueillis comme des gadgets pour 'hobbyistes' impénitents. Aujourd'hui, un tiers de ces cadres utilisent un outil informatique: leurs syndicats commencent à revendiquer la codification d'un droit de l'informatique. Pour accompagner une mutation qui est en train de faire exploser des piliers de l'ordre productif ancien: règlement intérieur, pointage, secret des correspondances, mesure de la productivité. Car, d'ici à cinq ans, tout l'encadrement des entreprises françaises sera équipé de micros. A cette échelle, l'ordinateur remet en question la vie des cadres sur son versant fragile: celui de la frontière entre travail et non-travail.

Une libération

Dans un premier temps au moins, cette évolution est plutôt perçue comme une libération. 'Elle donne un réel sentiment de liberté et d'autonomie,' explique Yves Lasfargue, directeur à l'Institut français de gestion. Ce qui était auparavant l'apanage du chercheur ou de l'enseignant devient possible pour le cadre salarié: travailler en libéral! Le concept du cadre-PME est en train d'émerger. Car la généralisation des nouveaux outils permet des choix organisationnels plus audacieux, que résume l'engouement actuel pour la notion de réseau.

Autonomie accrue, mais aussi astreintes nouvelles. En dehors des patrons, ils sont de moins en moins nombreux à avoir 'leur' secrétaire. Dans les banques et les compagnies d'assurances, secteurs qui ont le plus poussé l'informatique individuelle (le taux d'équipement des salariés varie de 60 à 80 pour cent), une secrétaire travaille pour des services de 5 à 15 personnes. IBM-France bat les records: une secrétaire pour 50 cadres en moyenne. Ces dernières deviennent de plus en plus des assistantes, apportant une aide précieuse au cadre dans la finalisation de son travail. 'Je rédige une version brute du document: je l'envoie par courrier électronique à la secrétaire, et elle le met en forme', explique un responsable de département chez IBM. Tous les cadres ne se font pas encore à cette collaboration nouvelle manière. Les

plus vieux ou les plus chevronnés continuent de travailler à l'ancienne. A l'inverse, les néophytes en font trop, ne faisant plus appel aux services de leur secrétaire. 'Ils passent de plus en plus de temps à gérer leur propre activité', observe Norbert Alter, professeur au Cnam. 'Les petites tâches invisibles se multiplient: frappe de rapports, notes, courrier, réservation du billet d'avion par Minitel et photocopie de documents.'

Ce surcroît de travail peut cacher parfois une dilution des responsabilités derrière l'écran. 'Là, au moins, je suis sûr de ne pas me faire engueuler', ironise un cadre, plus à l'aise devant son micro que devant son patron. Le dialogue avec la machine présente un caractère ludique et rassurant. La frontière entre le travail et le jeu est d'ailleurs ténue. 'Pas toujours facile de s'arrêter, lorsque l'on programme soi-même le dialogue avec la machine, que l'on peut remodeler à volonté sa propre pensée', explique Yves Lasfargue, auteur de l'ouvrage *Techno jolies, techno folies*. Avec pour effet pervers: une survalorisation de la forme. 'Peaufiner la présentation d'un document, passer plus de temps à bâtir un modèle qu'à l'utiliser, multiplier les simulations permettent aussi au cadre, tout en donnant l'impression de travailler dur, de masquer son incompétence en brassant du vent', estime Norbert Alter. 'Lorsque je vois un graphique trop léché, je me pose rapidement des questions sur l'adéquation de l'individu à son poste', affirme Myriam Meloua, de la BNP. Le temps libéré par la machine ne se retrouve pas toujours dans la valeur ajoutée de l'entreprise. Les analyses de Stephen Roach, économiste en chef de la Morgan Stanley, montrent que la productivité des cols blancs dans les services ne s'est pas améliorée depuis vingt ans, malgré l'importance des investissements consacrés aux nouvelles technologies.

Une pression plus forte

Un gaspillage de temps qui dégénère vite en boulimie. 'Lorsque je suis arrivé au bureau ce matin à 9 heures, ma secrétaire m'a dit que je n'avais pas consulté ma messagerie hier soir,' raconte Stéphane. 'Je lui ai répondu qu'à 23 heures, je pouvais avoir envie de faire autre chose!' Le risque est bien là. En même temps qu'il se libère, l'individu se ligote. En contrepartie de cette nouvelle autonomie accordée au cadre, l'entreprise garde la possibilité de le joindre à tout moment, en tout lieu. Plus de limite, plus de frontière entre le travail et la vie privée. Bureau et horaires fixes: les garde-fous sautent. Même si certains adoptent ces outils par snobisme – la 'télécommerie' – ne se sentent vraiment indispensables qu'à condition d'être contactés par leur patron au beau milieu d'une soirée entre amis, beaucoup se laissent envahir à leur corps défendant. Christian, contrôleur de gestion chez Bull, travaille fréquemment à son domicile, le soir et le samedi matin. Il y rédige les travaux qui lui demandent de la réflexion. 'Le piège est de ne plus pouvoir s'arrêter, par souci de perfectionnisme mais aussi par jeu avec la machine,' reconnaît-il. 'Heureusement, elle est moins puissante que celle du bureau. Je ne peux pas faire toutes les opérations. C'est elle qui me limite!' Il faut apprendre à gérer la vitesse, sans se laisser déborder par elle, prônent les modernes. Là réside la principale difficulté. La machine impose à son utilisateur un nouveau rythme: celui du temps réel. Par le jeu de l'interactivité, elle exige la réponse immédiate à la question posée. Et la pression de l'entreprise se fait toujours plus forte. Gare aux patrons tyranniques et autoritaires, la vie peut devenir encore plus infernale! Telle modification devra être effectuée dans l'heure qui suit: telle proposition parvenir dans les vingt-quatre heures. Une libération qui se paie quelquefois en stress supplémentaire, ce mal du cadre qu'on étudie dans les labos à partir de petites souris.

L'Expansion, avril/mai, 1992.

hurluberlu (m) oddball
cadre rangé (m) established manager
se vanter to boast
hobbyistes impénitents inveterate enthusiasts
pointage (m) clocking 'on and off'
versant (m) face
apanage (m) the preserve (of)
cadre PME (m) manager of a small business. The acronym PME (Petites et Moyennes Entreprises) is frequently used in French to describe a small or medium-sized business, officially one which employs fewer than 500 staff.
engouement (m) fascination
réseau (m) network; here it refers to computer networks within a company.
astreintes (f) restrictions, obligations
chevronné lit. 'those who have the most stripes', referring to the stripes or chevrons indicating levels of seniority in the armed forces.
néophytes novices
se faire engueuler to get a rollicking (slang)
peaufiner to polish up, embellish
brassant du vent blowing in the wind (seeming to work hard but doing nothing)
boulimie (f) obsession, lit. bulimia, craving
se ligoter to chain oneself
les garde-fous sautent the fences are down
prôner to advocate
Cnam Conservatoire National des Arts et Métiers

Unit 1 La technologie

Questions sur le texte

1 Comment Stéphane peut-il se passer de son bureau et de sa secrétaire?

2 Les cadres se sont-ils bien adaptés à l'utilisation des 'micros'? Trouvez-vous que beaucoup d'entre eux l'utilisent par rapport à l'ensemble des cadres?

3 Quelles sont les conséquences de cette informatisation des entreprises pour le travail?

4 De quelle manière le travail des secrétaires a-t-il changé?

5 Pourquoi certains cadres passent-ils de plus en plus de temps devant l'écran?

6 Expliquez les inconvénients pour l'entreprise de cette augmentation d'activités informatiques.

7 Selon le texte, comment un individu peut-il se libérer et se ligoter en même temps?

8 Pourquoi Christian travaille-t-il souvent à domicile? Quel a été l'influence du micro-ordinateur sur son travail?

9 'Il faut apprendre à gérer la vitesse', mais pourquoi est-ce difficile?

10 Quel est le coût de la libération informatique sur la santé de l'individu?

▲▲▲ Activités

1 Dressez une liste des activités régulières que vous faites dans la vie courante en utilisant l'informatique.

2 Demandez à un autre étudiant dans quelle mesure il utilise l'informatique pour faire ses études ou son travail. Expliquez-lui comment il pourrait mieux gérer son travail et son temps grâce à l'informatique.

3 Votre directeur d'études insiste pour que tous les rapports et essais des étudiants soient écrits en utilisant un ordinateur quelle que soit la matière. Etes-vous d'accord?

4 Débat: la bureautique et le travail. Le recteur de votre université a récemment donné son accord à une proposition pour l'informatisation des facultés. Les bureaux des professeurs seront tous équipés d'un micro-ordinateurs. Des liaisons directes entre les différents services administratifs de l'université, tels la bibliothèque, la comptabilité et le bureau de logement seront assurées par courrier électronique. La bureautique sera complétée par l'adjonction de plusieurs télécopieurs et de répondeurs automatiques. Le doyen de la faculté a réuni trois groupes de personnes qui seront touchées par ces changements. Divisez la classe en trois groupes, qui présentent chacun leur point de vue sur la proposition. Il s'en suivra un débat à la fin duquel le professeur demandera aux étudiants de voter pour ou contre la proposition. Les trois groupes sont les suivants:

Groupe A: Le doyen de la faculté et ses adjoints. Vous êtes pour la proposition qui vous permettra non seulement d'assurer un meilleur service aux étudiants, mais aussi de gérer la faculté d'une façon plus flexible. Vous pensez également à l'aspect financier et à l'image de la faculté.

Groupe B: Les secrétaires et les employés administratifs. Vous êtes contre la proposition. Vous avez déjà eu à apprendre différents systèmes de logiciels et traitement de texte, et vous aurez à en maîtriser d'autres plus compliqués. Vous craignez pourtant la suppression d'emplois dans l'université, pour faire les économies rendues nécessaires par les dépenses en matériel informatique.

Groupe C: Les professeurs. Vous n'avez pas encore pris position. Tout en voyant les avantages d'avoir votre propre micro-ordinateur, et la flexibilité que cela vous apportera, vous craignez la perte des secrétaires pour taper les rapports et le courrier, surtout que certains d'entre vous n'arrivent pas à maîtriser les logiciels de traitement de texte ni de tableur.

5 'Les entreprises devraient encourager leurs cadres à travailler plus chez eux.' Quels sont les avantages et les inconvénients, pour l'entreprise comme pour l'employé, de ce travail à domicile?

C *Grammar*

Interrogative sentences

Look at the following sentences from the *texte de compréhension* and notice there is no verb:

> Un bureau? 'Je pourrais m'en passer.' Des horaires? 'Je n'en ai pas.' Une secrétaire? 'Plus besoin.'

There are two types of questions – Type A, which requires a straightforward answer yes or no; and Type B which focuses only on a particular aspect of the sentence. This type of question requires an interrogative word such as *où*, *qui* etc.

Type A questions

Normally, there are three different ways of asking a question in French, depending on the language register which is used.

(i)   In **spoken, colloquial** language, one simply raises the intonation at the end of the sentence.

> Il part souvent en déplacement?
> (Does he often go on business trips?)
> Pierre part souvent en déplacement?
> (Does Pierre often go on business trips?)

(ii)   In **everyday** language, one adds *est-ce que* at the beginning of the sentence and raises the intonation at the end.

> Est-ce qu'il part souvent en déplacement?
> Est-ce que Pierre part souvent en déplacement?

(iii)   In **formal, written** language, if the subject is a pronoun, the inversion of the subject occurs, and the pronoun is linked to the verb with a hyphen.

> Part-il souvent en déplacement?

If the subject is a noun, the complex inversion occurs – the noun is stated first, then the verb, then the pronoun which repeats the subject.

> Pierre part-il souvent en déplacement?

Type B questions

(i)   The question contains an **interrogative pronoun** which can be the **subject**:

● *Qui?* or *qui est-ce qui?* means *who?* and refers to people:

> Qui a organisé la manifestation anti-nucléaire? (*all registers*)
> (Who has organised the anti-nuclear demonstration?)
> Qui est-ce qui a organisé la manifestation anti-nucléaire? (*everyday language*)

● *Qu'est-ce qui?* means *what?* and refers to things:

> Qu'est-ce qui s'est passé à Tchernobyl? (*only one form for all registers*)
> (What happened at Chernobyl?)

9

(ii) The question contains an interrogative pronoun which can be the **object**:

● *Qui* or *qui est-ce que?* means *who?* and it refers to people:

  Vous avez vu qui dans cette tenue incroyable? (*colloquial*)
  (Who did you see in that incredible attire?)

  Qui est-ce que vous avez vu dans cette tenue incroyable? (*everyday*)
  Qui avez-vous vu dans cette tenue incroyable? (*written*)

● *Que?* or *qu'est-ce que?* means *what?* and refers to things:

  Qu'est-ce que vous prenez? De l'essence avec ou sans plomb?
  (What do you have? Leaded or unleaded petrol?)
  Que prenez-vous?

● *Quoi?* means *what?* and it is found in expressions such as:

  Il a eu un accident de voiture. Quoi d'étonnant à cela? Il roule comme un fou.
  (So he has had a car crash. What's so surprising about that? He drives like a madman.)

  Quoi de neuf aujourd'hui? Absolument rien.
  (What's new today? Absolutely nothing.)

(iii) The question contains an interrogative pronoun which can be the **object and introduced by a preposition**:

● *A qui*

  Vous avez envoyé le fax à qui?
  (Who have you sent the fax to?)

  A qui est-ce que vous avez envoyé le fax?
  (To whom did you send the fax?)

  A qui avez-vous envoyé le fax?

● *Avec qui, pour qui, par qui?*

  Avec qui Philips a-t-il signé des accords multimédia?
  (With whom did Philips sign multimedia agreements?)

  Pour qui est ce matériel qui nous a été livré ce matin?
  (For whom is this material delivered to us this morning?)

  Par qui est dominé le marché des ordinateurs?
  (The computer market is dominated by whom?)

● *A quoi, en quoi, de quoi*

  A quoi sert-il cet appareil?
  (What is this apparatus used for?)

  En quoi est-ce si formidable?
  (What is so marvellous about it?)

  De quoi avez-vous besoin?
  (What do you need?)

(iv) The question contains an **adverb:**

- *Où? Quand? Comment? Pourquoi? Combien?*

    L'usine de traitement de déchets nucléaires est située où? (*colloquial*)

    Où est-ce que l'usine de traitement de déchets nucléaires est située? (*everyday*)

    Où l'usine de traitement de déchets nucléaires est-elle située? (*written language*)

    Où est située l'usine de traitement de déchets nucléaires? (*written language*)
    (Where is the factory for treating nuclear waste?)

    Quand revient-il du Canada?
    (When is he coming back from Canada?)

    Il revient du Canada quand? etc.

    Comment utilise-t-on un télécopieur?
    (How does one use a fax machine?)

    Pourquoi l'Etat n'a-t-il pas investi davantage dans les énergies de substitution?
    (Why has the state not invested more in renewable energy?)

    Combien coûte le fonctionnement de Superphénix?
    (How much does Superphénix cost?)

- *Où? Quand? Combien?* may be introduced by a preposition.

    Par où faut-il passer pour aller de Lille à Reims?
    (Through which towns do you have to go to get from Lille to Reims?)

- *Depuis quand/combien*

    Depuis combien de temps m'attendez-vous?
    (How long have you been waiting for me?) (*See* grammar section, Unit 7.)

(v) The question contains an **interrogative pronoun** *lequel, laquelle, lesquels, lesquelles,* which can be:

- The subject

    De ces deux logiciels, lequel est le plus performant?
    (Which is the most powerful of these two computer programmes?)

- The object

    Parmi les différents Minitel, lequel choisissez-vous?
    (Which of the different Minitels are you having?)

- The object and introduced by a preposition

    Vous avez lu plusieurs annonces d'emploi. Auxquelles avez-vous répondu?
    (You've read several job adverts. Which ones have you replied to?)

(vi) The question contains an **interrogative adjective:**

- *Quel* plus noun

    Quelle heure est-il? Quelle heure il est?
    (What time is it?)

- *Quel* may be introduced by a preposition

    Pour quelle société travaillez-vous?
    (Which company are you working for?)

📼 Structural exercises

Listen to the recording and respond to the remarks in French in the same way as the example.

A You have misunderstood what you were told. Ask the speaker to explain again.

    Les pistes magnétiques sont falsifiables. C'est pourquoi on a retenu une autre technologie.
    Pourquoi a-t-on retenu une autre technologie?

A vous maintenant

1 Le surgénérateur Superphénix a eu des fuites. C'est pourquoi il a été fermé.

2 Les Français ont une carte bancaire acceptée partout. C'est pourquoi il y a tant de cartes.

3 La carte à puce a une multitude d'applications. C'est pourquoi les étrangers s'y intéressent.

4 La télématique a un succès foudroyant. C'est pourquoi il y a de plus en plus de services spécialisés.

5 Les bouleversements technologiques se succèdent à un rythme croissant. C'est pourquoi on a du mal à s'adapter.

B You are a salesperson in a computer shop. Your customer does not know which product to choose and you become impatient.

    J'hésite entre ces deux logiciels.
    Décidez-vous. Lequel choisissez-vous finalement?

A vous maintenant

1 J'hésite entre deux technologies – l'ancienne que tous maîtrisent, et la nouvelle plus performante.

2 J'hésite entre deux solutions – éliminer les techniques inutiles ou investir dans la formation du personnel.

3 J'hésite entre deux stratégies – recenser la technologie de l'entreprise par famille de produits ou par procédés.

4 J'hésite entre le Minitel 5 et le Minitel 12 avec combiné intégré au clavier.

5 J'hésite entre le système de transmissions de messages 'bip' Eurosignal ou opérator.

C The following statements leave you in doubt. Ask for the speaker to be more specific.

    Notre chef de département ne fait plus confiance à Jacques Bertin.
    Mais alors, il fait confiance à qui?

A vous maintenant

1 Madame Chert s'est trompée. Elle n'a pas envoyé la lettre de relance à Merlin Gérin.

2 Désolée, mais ce rapport n'est pas pour moi.

3 Monsieur Renoux n'est pas parti en congrès avec Monsieur Perloy.

4 Le logiciel commandé par Madame Silos ne lui sert pas.

5 Le compte-rendu sur l'accident n'a pas été rédigé par le chef d'atelier.

Written exercise

Here are a series of questions. The interrogative word is missing and, at times, the preposition which precedes it. Find the correct answer, using the following list of interrogative words.

> *de qui? quels? par qui? qu'est-ce que? (2 fois)*
> *qui? (3 fois) quel? sur quoi? quand? quelle?*
> *qu'est-ce qu'? en quoi? à quoi? qui est-ce?*
> *pourquoi? de quoi dans quelle par où?*

1 (...) sert la téléréunion?

2 C'est de la part (...)?

3 (...) a lancé Numéris en France?

4 (...) les vépécistes ont mis en place?

5 (...) est le nouveau VRP?

6 (...) faut-il passer pour aller au parc des expositions de Villepinte?

7 (...) échantillons faut-il emporter pour mieux convaincre la clientèle?

8 (...) cela vous regarde-t-il?

9 (...) un centre serveur?

10 (...) imprimante me conseillez-vous?

11 (...) est à l'appareil?

12 (...) ne prenons-nous pas plutôt le TGV?

13 Madame Mousouris, (...)?

14 (...) avez-vous besoin comme renseignements?

15 (...) devez-vous partir pour Rio? A la fin du mois?

16 (...) vous avez relevé d'intéressant dans le communiqué de presse?

17 (...) histoire vous m'avez fourré?

18 (...) comptent les promoteurs de l'audiovisuel européen pour s'imposer?

19 Minitel a été inventé (...)?

20 (...) est donc le résultat des discussions sur la fusion?

D Business language skills

L'entretien téléphonique

Le téléphone, cet instrument indispensable à la vie quotidienne des affaires, n'est pas toujours facile à manier, même pour un Français. Il sert souvent de premier contact avec la personne que vous devez voir/convaincre. Sans visiophone, le contact est uniquement vocal. La façon dont vous vous exprimez est donc primordiale, car elle donnera une image de vous, donc de votre société, à votre interlocuteur. Avant de décrocher l'appareil, soyez prêt, sachez ce que vous voulez dire, préparez vos arguments.

Pour un bon entretien téléphonique...	
Vous devez...	**Vous ne devez pas...**
• préparer votre phrase d'introduction.	• être pris au dépourvu.
• vous présenter – donner votre nom et, s'il y a lieu, celui du service et de la société où vous travaillez. Etre assuré.	• être timide en vous présentant.
• demander à parler à un interlocuteur précis. Si vous ne connaissez pas son nom, demandez le responsable de tel ou tel service.	• être hésitant.
• être précis et bref. Le temps de votre interlocuteur est précieux.	• employer des phrases longues, complexes, ambiguës, non terminées.
• parler distinctement et avec dynamisme.	• bredouiller ni laisser de 'blancs' dans la conversation. Vous feriez croire que vous ne savez pas quoi dire.
• être attentif à ce que vous dit votre interlocuteur. Etre disponible.	• couper la parole, même si vous êtes pressé.
• être aimable.	• employer un ton sec.
• être persévérant.	• être trop insistant, vous imposer.
• reformuler les points importants (ce qui a été convenu).	• vous répéter.
• être positif.	• être négatif. Cela passerait pour une critique.
• toujours prendre note d'une conversation téléphonique.	• recevoir de message téléphonique sans en inscrire le contenu.

Expressions usuelles au téléphone

Announcing yourself.

Bonjour. Ici, Madame Chaumitte, de la société Lagrange.

To ask to speak to someone.

Pourrais-je parler à Monsieur... Madame... Mademoiselle...
Je voudrais parler à ...

Passez-moi le poste 421 s'il vous plaît. Monsieur Perrin.
Passez-moi le service marketing s'il vous plaît.
Passez-moi le responsable des ventes s'il vous plaît.

To ask who is calling.

C'est de la part de qui?
Qui est à l'appareil?
Qui dois-je annoncer?

If you cannot hear or understand the caller.

Pourriez-vous répéter?
Pourriez-vous parler plus lentement?
Pourriez-vous parler plus fort, s'il vous plaît? La ligne est mauvaise.
Il y a de la friture sur la ligne.

Spelling names.

Pourriez-vous épeler votre nom s'il vous plaît?

Il existe un alphabet de convention utilisé par les employés de la poste et généralisé en France. Cela permet d'éviter toute erreur de nom.

A *comme*	Anatole	I *comme*	Irma	R *comme*	Raoul
B	Berthe	J	Joseph	S	Suzanne
C	Célestin	K	Kléber	T	Thérèse
D	Désiré	L	Louis	U	Ursule
E	Eugène	M	Marcel	V	Victor
É	Émile	N	Nicolas	W	William
F	François	O	Oscar	X	Xavier
G	Gaston	P	Pierre	Y	Yvonne
H	Henri	Q	Quintal	Z	Zoé

Cependant, il est inutile de répéter 'comme' à chaque lettre. Vous aurez ainsi, par exemple, Madame Chaumitte..., j'épelle – Célestin, Henri, Anatole, Ursule, Marcel, Irma, Thérèse deux fois, Eugène.

The caller has dialled the wrong number.

Vous avez fait un faux numéro.
Il y a erreur.

Connecting the caller.

> Ne quittez pas, je vous le passe.
> Un instant s'il vous plaît.

The line is busy.

> Pouvez-vous patienter? Le poste est occupé.
> Je suis désolée de vous faire attendre, mais Monsieur Perrin
> est toujours en ligne. Vous patientez?
> Oui, je patiente.

Changing an appointment.

> Je suis désolée, mais j'ai eu un empêchement de dernière minute.
> Je ne pourrai pas vous rencontrer comme convenu. Vous
> serait-il possible de repousser le rendez-vous?
> Alors, je pourrais vous recevoir le 3 mars à 15h30? Ça vous conviendrait?
> Le 3 mars à 15h30? C'est parfait.
> Je vous remercie de votre compréhension.

Taking a message for an absent colleague.

> Ici la secrétaire de Monsieur Perrin. Il a dû se rendre à une réunion.
> Voulez-vous rappeler?
> Voulez-vous laisser un message?
> Pouvez-vous me laisser vos coordonnées s'il vous plaît?

Taking the message.

> D'accord. Je lui ferai la commission sans faute.
> Voulez-vous que Monsieur Perrin vous rappelle?
> Désirez-vous parler à quelqu'un d'autre?

Giving out a telephone number.

> Ah, demain, Monsieur Perrin sera au 47-32-59-86.

En France, les numéros de téléphone ont 8 chiffres qui s'énoncent par ensemble de deux. Ainsi, le numéro de téléphone ci-dessus s'énoncera: quarante-sept; trente-deux; cinquante-neuf; quatre-vingt-six.

🔊 Activités

Vous allez entendre deux situations au téléphone. Vous allez vous aider des fiches téléphoniques qui figurent dans ce chapitre et les remplir en conséquence.

Situation 1
Votre destinataire est absent (1)

Situation 2
Votre destinataire est absent (2)

Situation 3
Qu'est-ce que Monsieur Voiron décide de faire quand la ligne est occupée?

Situation 4

Votre chef de service vous charge de réserver par téléphone un billet de train pour aller à Lyon. Vous composez le 45-82-50-50. Vous vous trompez de numéro. Sur quel service tombez-vous et quel numéro devez-vous appeler?

Situation 5

Cette fois-ci, vous faites le bon numéro. Notez les détails de la réservation de billet.

Situation 6

Les barrages. Ecoutez la conversation téléphonique. Croyez-vous que Monsieur Choiseul contactera Sylvie Merlin? Aurait-elle dû insister davantage? Si vous étiez à la place de Sylvie Merlin, qu'auriez-vous dit?

Jeu de rôles

Avant le jeu de rôles, l'étudiant qui joue le rôle de l'employé dans l'agence de voyages doit s'équiper d'une brochure d'une société de voyages organisés.

Premier étudiant: Vous travaillez dans une agence de voyages. Un client (2e étudiant) vous téléphone pour avoir des renseignements sur un voyage organisé en France. Vous lui donnez toutes les informations dont il (elle) a besoin, et vous essayez de le (la) persuader de réserver son voyage tout de suite, par téléphone.

Deuxième étudiant: Vous voulez partir en voyage en France pendant quinze jours, au mois de septembre. Vous téléphonez à une agence de voyages pour avoir des renseignements suivants:

- les possibilités de lieux de séjour dans le sud de la France;
- les tarifs, y compris l'hôtel et le transport;
- les services offerts aux touristes, en particulier la location de voitures, les dates et les horaires de départ.

FICHES TELEPHONIQUES

M _____

DATE	HEURE

PENDANT VOTRE ABSENCE

M _____

Société: _____

N° Téléphone: _____

A TÉLÉPHONÉ	VEUILLEZ L'APPELER
EST VENU VOUS VOIR	RAPPELLERA

Message: _____

_____

_____

_____

MESSAGE

Communication reçue à _____ heures, le _____

de M _____

pour M _____

☐ a téléphoné sans laisser de message,

☐ demande de le rappeler au N° _____

☐ a laissé le message suivant: _____

_____

_____

_____

_____

_____

_____

LE MONDE DU TRAVAIL EN FRANCE

A *Texte d'introduction*

Amélioration des conditions de travail grâce à la législation et aux conventions collectives; évolution de l'emploi vers le secteur tertiaire; taux important de travailleurs étrangers; accès plus fréquent des femmes à des postes de décision; chômage structurel depuis la crise pétrolière de 1974; la concurrence mondiale et ses conséquences: insécurité, angoisse et stress. Telles sont les caractéristiques du monde du travail en France à l'aube du XXIe siècle.

L'amélioration des conditions de travail

A la fin du XIXe siècle, le monde du travail ne bénéficiait pas des avantages qui nous semblent normaux aujourd'hui. Le repos hebdomadaire de 24 heures consécutives, la semaine de 39 heures et les congés payés figurent parmi les grandes innovations de ce siècle.

Tout comme en Angleterre, les intérêts des salariés sont représentés par des syndicats, parmi lesquels on peut citer la CGT, la CFDT et FO.

Si l'industrie a évolué en France moins vite qu'au Royaume-Uni, les conditions de travail, elles, y présentent certains avantages. Ainsi, l'âge de la retraite a été abaissé à 60 ans, les congés payés augmentés à 5 semaines, et les entreprises de plus de cent employés font participer leur personnel aux fruits de leur expansion. En outre, à la différence de sa voisine d'Outre-Manche, la France a institué dès 1950, un salaire minimum vital, aujourd'hui appelé SMIC (salaire minimum interprofessionnel de croissance), fixé en mars 1992 à 5 630 F brut par mois pour tout salarié à plein temps.

La tertiorisation de la société française

La croissance spectaculaire du secteur tertiaire – qui regroupe des activités aussi disparates que les transports et télécommunications, les commerces, les banques et assurances, l'éducation, la santé, les loisirs, l'écologie etc. – est l'un des phénomènes significatifs d'après-guerre. En effet, il s'est produit un net déclin des secteurs agricole (avec 5 pour cent

d'actifs aujourd'hui, soit trois fois moins qu'en 1950) et industriel (même si les ouvriers représentent encore plus de 25 pour cent des actifs); par contre, une remarquable augmentation du nombre de postes dans les services, avec 13,4 millions de postes institués entre 1975 et 1987, par suite de l'émergence de la société de consommation. Ainsi, depuis 1984, 40 pour cent des entreprises qui se montent sont dans le commerce, 29 pour cent dans les services, mais seulement 2 pour cent dans l'agriculture.

En outre, le pourcentage de salariés est passé de 70 pour cent en 1962 à 86 pour cent en 1991, soit 19 millions sur 22,3 millions de personnes occupées, parmi lesquelles, 6 millions dans la fonction publique. Avec l'avènement de l'électronique, il s'est opéré un glissement vers les emplois dans les bureaux et un développement de la catégorie des employés et des cadres moyens supérieurs.

Les travailleurs étrangers

Devant l'attirance des Français vers le tertiaire, et la pénurie de main-d'oeuvre, les pouvoirs publics ont facilité l'entrée des travailleurs étrangers en France. Cette main-d'oeuvre bon marché a contribué à relever l'économie française des ruines de la guerre. Au début, le système fonctionnait avec un flux d'entrées et de sorties du territoire, ces travailleurs ne restant en France que deux à trois ans. Leur installation dans le pays a commencé avec l'arrivée des épouses. A peine perçue à ses débuts, elle s'est accentuée au point que l'entrée des familles était deux fois plus nombreuse que celle des travailleurs au moment de la première crise pétrolière. C'est alors que le gouvernement a pris des mesures destinées à stabiliser l'immigration, en limitant le nombre d'entrées annuelles et en incitant les immigrés à retourner chez eux. A l'heure actuelle, les 4 millions d'étrangers sont répartis entre ressortissants de la CEE (1 300 000) et hors CEE (2 280 000 dont 1 500 000 Maghrébins[1]), parmi lesquels on compte 2 millions de travailleurs, soit 9 pour cent de la population active. Ils occupent les postes les moins qualifiés et les moins rémunérés dans le bâtiment, le génie civil et l'agriculture, et on les trouve surtout en Ile-de-France, en Corse, dans les régions Rhône-Alpes et Provence-Côte d'Azur.

[1] Maghrébins: travailleurs immigrés originaires d'Afrique du Nord.

Les femmes et le marché du travail

L'insertion des femmes sur le marché du travail n'est pas un phénomène récent. En effet, la croissance économique de la fin du XIXe siècle a bouleversé les structures traditionnelles en brisant l'opposition vie privée (foyer, mari, éducation des enfants), vie publique, réservée aux hommes. Au début du XXe siècle, elles représentaient déjà 35 pour cent des actifs. Mais elles étaient reléguées à des postes d'exécution et mal payés (exploitation agricole, main-d'oeuvre, domesticité).

Par contre, être passées du statut de 'non personnes' à celui d'êtres autonomes, ayant accès à des postes hautement qualifiés naguère masculins, est un fait relativement nouveau, l'aboutissement de longues années de luttes.

C'est par la législation – droit de vote, exercice d'une profession et ouverture d'un compte bancaire sans la permission du mari, égalité de salaire entre les sexes, autorisation de la contraception et de l'avortement – et par l'éducation, que les femmes se sont émancipées et ont pu accéder à des professions qui étaient auparavant la chasse gardée des hommes.

Cette égalité dans les textes se vérifie-t-elle dans les faits?

En 1990, les femmes représentaient 43,6 pour cent de la population active. En 1991, on comptait 13,7 millions d'actifs masculins pour 10,7 millions d'actifs féminins. Elles parviennent aujourd'hui à des postes de responsabilité (29 pour cent de cadres par rapport à 13,8 pour cent en 1954). Cependant, elles représentent seulement 6 pour cent des ingénieurs, 1,5 pour cent des 200 plus importants chefs d'entreprises, et malgré quelques noms qui se détachent à des postes ministériels, on en voit peu dans la vie politique. Par ailleurs, il leur est plus difficile de faire une carrière et elles ont moins accès à la formation continue que les hommes. En outre, elles sont payées dans l'ensemble 30 pour cent de moins qu'eux, et les smicardes[2] sont plus nombreuses les smicards.

De retour au foyer après une journée de labeur, elles se trouvent confrontées aux tâches ménagères dont le partage n'est guère équitable, si bien qu'elles assument en fait un double travail. Ainsi, pour 81 pour cent des Français, avec un temps complet, elles sacrifient quelque chose ou quelqu'un.

Pouvant rarement concilier un équililibre entre un métier et un foyer, elles sont souvent attirées par le temps partiel. De plus, en période de crise, elles sont davantage touchées par les emplois précaires et par le chômage. Le dilemme vie professionnelle vie privée se pose alors d'une façon d'autant plus aiguë

Le chômage

D'après le BIT (Bureau international du travail), la France comptait 2 436 00 demandeurs d'emploi en janvier 1992, soit 9,8 pour cent de la population active. Selon d'autres sources, elle avoisinait les 3 millions. En outre le chômage longue durée touchait 30 pour cent des chômeurs par rapport à 12 pour cent en 1974. Il frappe davantage les jeunes, les femmes, les personnes non qualifiées, donc les immigrés.

Cette dégradation est due à plusieurs facteurs, entre autres:

- un ralentissement de la croissance qui a atteint seulement 1,1 pour cent en 1990–91;
- une concurrence accrue et internationalisée avec pour conséquence une meilleure efficacité et productivité imposées par les employeurs;

[2] Smicardes: Françaises qui gagnent le SMIC.

- le développement de la technologie, d'où une réduction des effectifs et le recrutement d'un personnel qualifié;
- l'attitude des Français qui estiment qu'accepter un poste non conforme à la valeur des diplômes serait se déclasser.

Pour tenter de redresser la situation, le gouvernement a modifié les formes de l'emploi. Rigides avant les années 70 (plein temps, durée indéterminée, SMIG), elles se sont assouplies depuis les années 80 (intérim, durée déterminée, temps partiel, préretraite; Tuc: travaux d'utilité collective, SIVP: stages d'initiation à la vie professionnelle, puis les CES: contrats d'emploi-solidarité, les trois dernières formules exonérant les entreprises des charges sociales).

Le stress

L'amélioration du rendement s'est traduite par une augmentation du travail des cadres (15 pour cent d'entre eux ne terminent pas avant 20 h 30). Par ailleurs, le sentiment général d'insécurité, de peur de l'échec, a pour conséquence le stress avec ses effets néfastes: le recours aux somnifères et aux tranquillisants dont les Français sont les plus grands consommateurs mondiaux.

L'avenir de l'emploi

D'un côté, au cours du XXe siècle, les acquis ont été considérables sur le plan des conditions de travail et de salaire. De l'autre, les catégories sociales les plus qualifiées ont progressé. Il n'en reste pas moins que, malgré un allongement de la scolarité, 50 pour cent de la population active demeure sans formation et sans le niveau bac. D'où les effets pervers ressentis à l'heure actuelle, en particulier, le chômage.

La morosité se serait-elle installée dans l'Hexagone[3], ou faut-il en croire l'INSEE[4] qui prédit (*Le Monde*, 6 mars 1992) un rythme de croissance de 2 pour cent l'an pour 1992?

Références

Mermet, Gérard *Francoscopie*, Larousse, (1991).
Jeaneau, Y. *La législation du travail*, Nathan, (1990).
Gaspard, Françoise et Servan-schreiber, Claude *La fin des immigrés*, Seuil, (1985).
Corvi, Nicole et Salort, Marie-Martine *Les femmes et le marché du travail*, Hatier, (1985).
Bouchoux, Jacques et Hervelin, Marc *A chaque Etat son chômage*, Hatier, (1991).

[3] L'Hexagone: La France.
[4] l'INSEE: Institut National de la Statistique et des Etudes Economiques.

Activités de recherche

1 Faites des recherches sur les lois et les mesures passées en France depuis le début du XXe siècle et trouvez pour chacune de celles qui figurent dans la liste suivante (au verso) les dates correspondantes:

Mesure/loi	Date
Le repos hebdomadaire de 24 heures consécutives	
La reconnaissance des délégués ouvriers dans les usines	
L'introduction des congés payés	
Les premiers comités d'entreprise	
Le droit syndical, le droit de grève et le droit à la sécurité sociale	
L'institution du SMIG	
L'assurance chômage	
Le SMIG devenu SMIC	
La loi sur la formation continue	
La réduction de la durée de travail hebdomadaire à 39 heures, l'augmentation des congés payés à 5 semaines, l'abaissement de l'âge de la retraite à 60 ans	
La loi sur l'égalité professionnelle entre les sexes	
La création du RMI (revenu minimum d'insertion)	

2 Quelles ont été les conséquences des lois Auroux et des accords de Grenelle sur les conditions de travail?

3 Les femmes et le monde du travail. Trois lois en particulier ont marqué un tournant décisif pour les femmes, à savoir les lois Neuwirth, Veil et Roudy. Sur quoi portent ces lois? Tracez un descriptif de la carrière de Simone Veil, et dites pourquoi c'est un personnage important.

Quelques autres femmes occupent des places proéminentes dans la vie politique française ou dans des entreprises françaises. Citez quelques noms et dites quelles sont leurs réussites.

4 Le chômage. Trouvez dans la presse française actuelle des exemples de chômage structurel, saisonnier, partiel ou technique et examinez la position de l'entreprise et celle des employés.

5 Le chômage dans les régions. Certaines régions françaises sont davantage touchées par le chômage que d'autres. Repérez les régions les plus défavorisées. Quelles sont les conséquences du chômage régional pour les régions les plus touchées sur la famille, sur l'économie et sur l'environnement?

B *Texte de compréhension*

DES SOLUTIONS POUR LES FEMMES

La difficulté est d'éviter le ghetto

Le chômage de longue durée continue de toucher plus durement les femmes. En effet leur proportion ne cesse d'augmenter (57 pour cent en 1991 contre 54 pour cent en 1986), tandis que leur ancienneté moyenne (382 jours) restait, fin 90, très supérieure à celle des hommes (338 jours). L'ANPE constate cependant que la part des femmes diminue avec l'âge. Mais il ne s'agit que d'un leurre, dû à leur retraite 'volontaire' du marché du travail, provoqué par le découragement.

Contrats de travail plus précaires, licenciements massifs dans les secteurs industriels fortement féminisés tels que le textile et l'habillement, mais aussi faible dynamisme du tertiaire, vers lequel elles se dirigent naturellement, et préjugés sexistes à l'embauche concourent à la détérioration de l'emploi féminin. Les femmes isolées avec enfants à charge et celles qui souhaitent reprendre une activité après une interruption de dix ou quinze ans constituent le noyau dur des chômeuses.

Le manque de diversification des métiers que les femmes pratiquent – ou bien dans lesquels la société les cantonne – constitue l'un des handicaps majeurs à leur retour à l'emploi. La 'fabrication automatique de chômeuses' commence dès l'orientation scolaire, qui, malgré l'absence de débouchés, persiste à privilégier 'l'équation couture-coiffure-santé-secrétariat', expliquait Véronique Neiertz, secrétaire d'Etat aux droits des femmes, dans le magazine *Partenaires*.

Diversification des filières

'Il devenait urgent d'agir, et d'agir fort si l'on ne voulait pas que s'installe définitivement en France une société à deux vitesses, celle des hommes et celle des femmes', déclarait le 10 mai 1990 le secrétariat d'Etat chargé des droits des femmes en créant le Groupe national de pilotage de lutte contre le chômage des femmes. Parmi les actions annoncées, une expérience, achevée fin 1991, mais qui devrait se poursuivre en 1992, a été lancée dans sept régions tests (Auvergne, Bourgogne, Languedoc-Roussillon, Lorraine, Nord-Pas-de-Calais, Poitou-Charentes et Midi-Pyrénées). Elle

implique, sous l'autorité de préfets de région, la mobilisation au niveau régional, des directeurs du travail et des délégués aux droits des femmes. Ces derniers devraient définir des objectifs à partir d'une analyse de la situation locale de l'emploi féminin et s'entourer de partenaires tels que les délégués régionaux à la formation professionnelle, l'AFPA et l'ANPE pour les mener à bien.

Deux directives principales étaient données. D'une part utiliser tous les instruments pour l'emploi et la formation des chômeurs, mais en prévoyant des moyens adaptés aux problèmes féminins (en matière de garde d'enfants et de déplacements, par exemple). Une manière de favoriser l'accès, jusque-là trop restreint, des femmes à ces dispositifs tout en évitant l'effet ghetto. D'autre part, privilégier la diversification des filières professionnelles en saisissant l'opportunité offerte par la pénurie de personnel qualifié dans des métiers plus masculins pour imposer, en tout cas, proposer, une main-d'oeuvre féminine formée. Reconversion des femmes dans l'aviculture et les matériaux composites en Poitou-Charentes, à la métallurgie et à la conduite de bus en Bourgogne, aux métiers du bâtiment en Lorraine. Les idées n'ont pas manqué, débouchant dans certains cas sur des embauches fermes.

'Toutes les régions n'ont cependant pas fait preuve de la maîtrise des projets', remarque Anne-Marie Grozelier, auteur du rapport qui sera bientôt publié par le cabinet Lasaire, chargé de l'évaluation. 'Les régions qui ont le mieux réussi sont celles qui ont su établir le contact avec les entreprises dès le début de l'opération', explique-t-elle. Un contact indispensable si l'on veut sérieusement préparer les collègues masculins à l'arrivée des femmes. La diversification des métiers n'est cependant pas une panacée. Pour les femmes en grande difficulté, il faut d'abord prévoir des stages qui jouent le rôle de 'sas' de remotivation. Or, 'il y a peu d'opérateurs qui sachent le faire.'

A certains endroits, des fonctionnaires se sont montrés presque hostiles à un plan en faveur des femmes. 'Quand il s'agit de l'emploi des femmes, les réactions sont tout de suite passionnelles, car cette question renvoie à des considérations sur leur place dans la société.' Mais, tant bien que mal, l'idée semble avoir fait son chemin.

Francine Aizicovici, *Le Monde*, 15 janvier, 1992.

Questions sur le texte

1 En quoi la diminution du nombre de femmes au chômage longue durée constitue-t-elle un leurre?

2 Quels sont les facteurs qui concourent à l'aggravation de l'emploi des femmes?

3 Qu'est-ce qui rend leur retour à l'emploi difficile?

4 Quelles mesures a-t-on prises pour empêcher une société à deux vitesses?

5 Quelles sont les personnes qui, au niveau régional, réunissent leurs efforts pour trouver une solution à l'emploi féminin?

6 Dans quel genre de métiers, considérés jusque-là comme masculins, a-t-on formé les femmes dans les régions?

7 Qu'est-ce qui est nécessaire pour voir la réussite de tels projets?

8 Est-ce que les responsables de ces projets étaient à court d'idées?

9 Quels sont les problèmes liés à la diversification des métiers pour les femmes?

10 Pourquoi un plan en faveur des femmes s'est-il heurté à des réactions hostiles?

🙍 Activités

1 Discussion débat: divisez la classe en deux camps opposés avec un(e) étudiant(e) chargé(e) de l'animation. *Thème*: Le travail à temps partiel, une solution au chômage des femmes.

2 Le gouvernement devrait-il encourager la mobilité des ouvriers vers les régions en expansion économique ou plutôt soutenir l'économie des régions défavorisées?

3 Simulation: divisez-vous en groupes de 4, chaque groupe étant subdivisé en 2 équipes de 2.

Equipe A: Vous représentez la direction d'une entreprise industrielle qui vient d'annoncer le licenciement de plusieurs centaines d'ouvriers dans le cadre d'une restructuration. Expliquez aux ouvriers les raisons de votre décision et défendez la position de l'entreprise.

Equipe B: Vous êtes les délégués du syndicat représentatif des ouvriers de l'entreprise menacés par le chômage technique. Vous n'acceptez pas la décision prise et vous expliquez à la direction les mesures envisagées par le syndicat au cas où l'entreprise mettrait son programme de licenciement en vigueur.

C Grammar

Personal pronouns

Look at the following sentence from the *texte de compréhension*.

> 'Le manque de diversifications de métiers que les femmes pratiquent ou bien dans lesquels la société les cantonne.'

What is the role of *les* in the sentence?

The personal pronoun, in common with other pronouns (possessive, demonstrative, relative, interrogative), replaces a noun or a group of nouns and is therefore often thought of as a **substitute** in French. Personal pronouns refer to persons, things or ideas.

Form

Personal pronouns vary both according to the person or thing they refer to, and their function in the sentence.

		subject	direct object	indirect object
singular	1st person	je	me	me
	2nd person	tu	te	te
	3rd person	il, elle, on	le, la	lui
plural	1st person	nous	nous	nous
	2nd person	vous	vous	vous
	3rd person	ils, elles	les	leur

Uses

Note the role of substitution that the personal pronoun plays in the following examples:

(i)   Where the function of the personal pronoun is the **subject**:

Le Pdg a pris sa retraite; il a été remplacé.

La commande est arrivée; elle est incomplète.

Le chômage a augmenté de 10 pour cent cette année; il a dépassé toutes les prévisions des experts.

(ii)   Where the function of the personal pronoun is the **direct object**:

J'ai reçu le rapport du conseil régional; je le transmets au service marketing.

Nous accueillons des clients néerlandais demain; on les emmènera manger au restaurant.

(iii) Where the function of the pronoun is the **indirect object**:

J'ai écrit au responsable du service après-vente hier et je lui téléphonerai demain.

Nous avons expédié la première commande aux clients jeudi dernier; la deuxième leur sera envoyée la semaine prochaine.

Note that *lui* and *leur* can only be used for persons, not for things. *Le* can replace an idea, as in:

> Vous croyez qu'il viendra à la réunion de mardi?

> Oui, je le crois.

On refers to unspecified persons, which may correspond to 'one' in English, but also we, you, they, or even people:

> On vient de m'annoncer la fusion des deux entreprises.

> On parle souvent de l'exode rural.

Stressed pronouns

A different form of personal pronouns, known as stressed form, is used in French to accentuate the role of the word in the sentence, thus:

> Moi, je préfère le café.

> Ils ne sont pas fiers, eux.

singular	1st person	moi
	2nd person	toi
	3rd person	lui, elle
plural	1st person	nous
	2nd person	vous
	3rd person	eux, elles

We use the same form of pronoun:

(i) After a **preposition**:

> J'ai pris rendez-vous avec Monsieur Dupont; c'est le premier rendez-vous que j'ai avec lui.

> Le consommateur est roi; c'est pour lui qu'on travaille.

(ii) After a **comparison**:

> Je parle l'anglais mieux qu'eux.

(iii) With *ne...que*:

> Je ne vois que toi pour ce poste.

(iv) With *même*:

> C'est Monsieur Chapuis à l'appareil? Lui-même.

The use of *y* and *en*

En replaces things introduced by *de, du, de la, de l'*, and *des*:

> Vous pouvez me passer des trombones? Je n'en ai plus.

Le stagiaire revient du salon de Lyon ce soir. Vous êtes sûr qu'il en revient?

Elle parle de cet article; c'est la troisième fois qu'elle en parle.

(*But*: elle parle du directeur; elle n'a jamais parlé de lui auparavant.)

Combien d'enveloppes voulez-vous? Il m'en faudrait une dizaine.

Y replaces things introduced by *à, dans, en, sur, sous*, but not by *de*:

Il répond au fax; il était prévu qu'il y réponde.

(*But*: il répond au chef de département; on s'attendait à ce qu'il lui réponde.)

Quand va-t-elle à Rio? Elle y va le mois prochain.

Position in the sentence

Object pronouns come before the verb, except in commands such as *dites-le*! *vas-y*!:

Je connais le Pdg; je le connais depuis longtemps.

If more than one personal pronoun occurs in the sentence, they must follow this order:

1	2	3	4	5
me te se nous vous	le la les	lui leur	y	en

Column 1 shows the position in the sentence of reflexive pronouns, ie, those used with reflexive verbs (*se réveiller*, *se laver* etc.).

Examples with one or more than one pronoun:

Tu me le donnes tout de suite. *But*: tu le lui donnes.

Faites-le maintenant. *But*: ne le faites pas.

Il y a deux concurrents en France; il y en a six en Allemagne.

Le dossier Perrier, ne le mettez pas avec les autres. *But:* je veux y jeter un coup d'oeil avant d'en parler avec le chef des ventes.

Exercise

Lettre de réclamation

Remplissez les blancs par un pronom personnel.

M.P. Bruneau   Champagne Dumauroux
Maison Blanchon et Fils   19, Rue C. Coulon
51, Rue Ganterie   51160 Ay
21200 Beaune
                                          Beaune, le 26-11-92

Messieurs,

   Nous accusons réception des 60 caisses de champagne brut que
nous (...) avons commandées en octobre dernier.
   Nous avons été surpris de constater en (...) ouvrant que 12
bouteilles avaient leur étiquette en mauvais état.
   C'est la première fois depuis nos relations commerciales
qu'un tel incident se produit et nous sommes sûrs que vous
(...) porterez toute votre attention.
   Nous (...) renvoyons donc les bouteilles en question et
vous prions de (...) (...) faire parvenir une douzaine pour
(...) remplacer, les frais de transport étant, bien entendu,
à votre charge.
   En outre, nous nous sommes aperçus que, cette année, la
demande dépasse nos prévisions. C'est pourquoi, nous vous
(...) commandons dix caisses supplémentaires.
   Nous (...) serions reconnaissants de (...) (...) expédier
en même temps que les douze bouteilles à remplacer et ce,
dans les plus brefs délais.
   Dans l'attente, veuillez agréer, Messieurs, l'expression
de nos sentiments les meilleurs.

P. Bruneau
Chef du service Achat

🔲 Structural exercises

A   Listen to the recording and respond to the remarks, in French, using an object
pronoun to replace the idea in the sentence, as in the following example:

> Le rendez-vous avec la chargée d'études, il est pris?
> (Oui...)
> Oui, il l'est.

A vous maintenant

1 La facture pour la livraison des puces, elle est réglée?
   (Non...)

2 Le contrat d'embauche de la remplaçante de Madame Martin, il est signé?
(Oui...)

3 Les chambres à l'hôtel Penta, elles sont réservées?
(Je suis désolée, mais...)

4 La souris de votre ordinateur, elle est réparée?
(Oui, ... depuis 3 jours.)

5 Ton curriculum vitae, il est enfin rédigé?
(Malheureusement... pas encore.)

B You will hear the first part of a dialogue. Complete the dialogue using the pronouns *y* and *en*, as in the following examples:

Vous tenez compte de l'amortissement dans vos calculs?
(Bien sûr que...)
Bien sûr que j'en tiens compte.

Quand envisagez-vous de répondre au fax reçu ce matin?
(Tout de suite...)
J'envisage d'y répondre tout de suite.

A vous maintenant

1 Je ne me souviens pas du rapport Nestlé. Et vous?
(Moi non plus...)

2 Je n'ai pas de solution au problème qui vous tracasse.
(Eux, si...)

3 Faut-il s'abonner aux *Echos*?
(Absolument indispensable.)

4 Vous vous servez du traitement de texte?
(Pas encore.)

5 Dites-moi, le nouveau, il participe au projet d'aménagement de la vieille zone?
(Non...)

6 La petite jeune, elle a l'intention de prendre des cours de gestion?
(Après ses six mois d'essai.)

7 J'ai l'impression que vous vous intéressez de plus en plus à la programmation.
(C'est vrai...)

8 Avez-vous le temps d'assister à la réunion de ce soir?
(Non...)

C Listen to the recording and reply to the questions using an imperative (positive or negative) and an appropriate pronoun as in the example:

A partir de quand faut-il vous livrer la marchandise? Au milieu du mois?
(C'est ça....)
C'est ça, livrez-la-moi au milieu du mois.

A vous maintenant

1 Il faut vous envoyer la documentation sur les circuits intégrés?
(Non...)

2 Combien de boîtes, modèle XF 302 faut-il vous faire parvenir?
(150.)

3 Je peux lui accorder le même rabais qu'aux clients de longue date?
(Bien sûr...)

4 Je suis désolée, mais Monsieur Moreau n'est pas là. Je vous passe sa secrétaire?
(Oui...)

5 Je ne parviens pas à joindre Sylvie Cauchin. Dois-je laisser le message à sa collègue?
(Non...surtout pas.)

D This time you will see that there is either a direct or an indirect object, or both. Answer the questions, replacing the object nouns with personal pronouns, as in the example:

> Quand doit-elle prendre sa retraite?
> (En décembre prochain.)
> Elle doit la prendre en décembre prochain.
> Quand faut-il envoyer les invitations aux participants?
> (D'ici 15 jours.)
> Il faut les leur envoyer d'ici 15 jours.

A vous maintenant

1 Quand dois-je contacter l'assurance pour mon accident?
(Dès aujourd'hui.)

2 Quand pensez-vous verser l'acompte dû au pigiste?
(A la fin du mois.)

3 Quand faut-il présenter ma note de frais?
(Dès votre retour.)

4 Quand termine-t-il son stage de formation?
(Dans deux semaines.)

5 Quand doit-on recevoir la collection d'été?
(En novembre.)

6 Quand envoyez-vous votre lettre de démission au chef du personnel?
(Tout à l'heure.)

7 Quand comptez-vous annoncer le chômage technique à vos employés?
(La semaine prochaine.)

8 Quand faut-il déclarer le dépôt de bilan?
(Le plus tôt possible.)

Written exercise

In the following sentences, replace the words underlined with an appropriate personal pronoun or pronouns:

> Les postes de cadre supérieur? Les femmes ont maintenant accès <u>à ce genre de travail</u>.
> Les femmes y ont accès.

1 Les immigrés? L'Etat incite <u>ces ouvriers non qualifiés</u> à retourner dans leur pays.
   L'Etat...

2 La parole aux nouveaux pauvres? On ne donne pas <u>la voix à cette catégorie sociale</u>.
   On...

3 Une meilleure qualité de service à la clientèle? La direction veut assurer <u>une</u>
   <u>amélioration des prestations à l'ensemble des clients</u>.
   La direction...

4 La montée du chômage? Le gouvernement tente d'enrayer <u>son augmentation</u>.
   Le gouvernement...

5 Le SMIC? L'Etat a relevé <u>le salaire minimum</u> de 2 pour cent en mars 1992.
   L'Etat...

6 L'assurance chômage? On cotise <u>à cette caisse</u> depuis la fin des années 50.
   On...

7 Les femmes? Il est toujours plus difficile <u>à celles-ci</u> de faire une carrière dans notre société.
   Il...

8 Un nouvel emploi? Les chômeuses longue durée ont moins de chance de retrouver <u>un</u>
   <u>autre métier</u> que les hommes.
   Les chômeuses...

9 Le camion sur le parking de la grande surface? C'est Monsieur Chaumette qui a garé
   <u>son véhicule sur l'aire de parking du supermarché</u>.
   C'est monsieur...

10 Les syndicats de salariés? Il n'y a pas tellement de gens qui sont affiliés <u>à ces groupe-</u>
    <u>ments</u> en France.
    Il n'y a pas...

D *Business language skills*

Le curriculum vitae

Si vous postulez pour un stage dans une entreprise française, la rédaction de votre curriculum vitae est une étape indispensable à la préparation de votre candidature.

Conseils pratiques

Vous devez vous 'vendre', donc bien vous connaître. Demandez-vous quels sont vos points
forts, vos qualités, vos savoir-faire qui seront un 'plus' par rapport aux autres candidats;
quel est votre comportement seul, en équipe, sous pression. Indiquez quelles sont vos
études, à partir des 'A' levels; vos expériences professionnelles (travaux d'été, à temps partiel
ou autres) qui peuvent vous servir à décrocher le stage désiré. Soyez brefs pour vos études,
plus longs pour vos expériences pratiques. Mentionnez vos centres d'intérêt: lecture,
cinéma, théâtre, sports (précisez, mais brièvement).

Le CV est envoyé avec une lettre manuscrite, dite d'accompagnement ou de motivation (voir Unit 3).

Les qualités essentielles

- Précision et concision des informations fournies.
- Clarté et cohérence du contenu.
- Brièveté (de préférence, une seule page).

La présentation

Une présentation parfaite est absolument indispensable car c'est là-dessus que portera le premier jugement du futur employeur. La mise en page doit donc être excellente, de même que le traitement de texte et la photocopie. (Les erreurs de frappe, les fautes d'orthographe ou de grammaire sont du plus mauvais effet.)

Le contenu

En principe, quatre rubriques séparées par une ligne devraient suffire.

1. **Etat civil:**

- Place pour une bonne photo d'identité.
- Nom.
- Domicile et téléphone.
- Age ou date de naissance.
- Situation de famille (célibataire, marié...).
- Nationalité (britannique...).
- Numéro de passeport.

2. **Formation** (ordre chronologique de préférence; brièveté):

- Diplômes obtenus: 'A'levels, équivalents du bac. Faites figurer les options en accord avec le stage brigué.
- Diplôme en cours:
- Langues: lesquelles et à quel niveau.

3. **Expériences professionnelles** (ordre chronologique, ou ordre chronologique inverse):

- Les dates d'emploi.
- Nom des entreprises où vous avez travaillé.
- Brève mention des fonctions que vous y avez assumées.

4. **Divers.** Sous cette rubrique, vous devez inscrire tout ce qui fait ressortir votre personnalité et votre plus-value:

- Vos connaissances en informatique: les logiciels que vous connaissez; tel traitement de texte, tableur, etc.
- Vos connaissances dans les diverses branches commerciales (comptabilité/ import-export/ finance/ marketing etc).
- Dactylographie: niveau.

- Les expériences qui font montre de vos qualités: sens des responsabilités (si vous avez travaillé en tant que chef d'équipe ou de projet).
- Goût des contacts humains (rapports avec des clients difficiles). Stimulé par les difficultés (précisez). Lecture; cinéma; théâtre. Sports: (citez lesquels). Permis de conduire; Voiture.

5. Finalement, ajoutez une rubrique **référence** si vous étudiez dans une faculté anglaise. Citez la personne chargée de vous aider à vous trouver un stage. Donnez son numéro de téléphone, et le numéro de fax de l'école.

La rédaction d'un CV dont l'objectif est un emploi après l'obtention du diplôme est presque semblable. Dans celui-ci, vous indiquez le/les stage(s) effectué(s) et où, et ce qu'ils vous auront apporté.

Activités

 1   Imaginez que vous dirigez le service du personnel d'un lessivier. Le service administration des ventes a besoin d'un stagiaire connaissant bien l'anglais pour six mois. Analysez le CV de Clare Hariot. Allez-vous retenir ou rejeter sa candidature? Pour quelles raisons? Quelles sont les informations supplémentaires dont vous auriez besoin?

2   Rédigez un curriculum vitae en vue d'un stage de trois mois dans une entreprise française.

 3   Une étudiante française, de retour d'un an de stage en france, répond aux questions sur le thème 'les femmes et le monde du travail en France'.

(i)   Ecoutez l'interview avec Kathleen Obez. Expliquez son attitude envers la femme mariée et la vie professionnelle.

(ii)   Posez les mêmes questions à des étudiantes anglaises et comparez les résultats. Remarquez-vous une différence d'attitude notable? Si oui, déterminez pour quelles raisons.

Clare Hariot
56 Eltham Park Gardens
London SE9 1AP
(081) 850 8192
21 ans
Célibataire
Britannique
Passeport No   003451287

FORMATION

DIPLOMES OBTENUS:
1985-1992: Grange Park School, Woolwich, London
    -1992: 'A'Levels, équivalent du Bac; options
           mathématiques, informatique, français.

DIPLOME EN COURS:
1992-1996: University of Greenwich Business School.
           Licence de marketing international en 4 ans,
           dont un semestre d'études en France, suivi d'un
           an de stage dans une entreprise française.

LANGUES:
Anglais: langue maternelle.
Français: courant (lu, parlé et écrit).
Italien: parlé.

EXPERIENCES PROFESSIONNELLES

    1992:   Jouan Ltd; 3 mois dans le service import/export.
    1991:   Chambre de Commerce française de Londres; 2 mois.
               Constitution de dossiers pour des entreprises
               britanniques désireuses de s'implanter en France.
    1990 à
    ce jour: Satellite UK; pendant l'année scolaire, un jour
               par semaine: réassort, préparation de brochures
               pour la clientèle, ventes et télémarketing.

DIVERS

- Bonnes connaissances en informatique. Traitement de texte
  (Pagemaker, Wordperfect) et tableurs (VP Planner, Lotus 123).
- Sens de l'organisation grâce à mon travail à la
  Chambre de Commerce.
- Goût des contacts humains acquis chez Satellite UK.
- Voyages: France, Suisse, Belgique, Italie, Etats-Unis.
- Lecture: (romans, magazines); cinéma; musique.
- Sports: tennis; ski.
- Permis de conduire; voiture.

Modèle de curriculum vitae

Unit 3

L'EDUCATION ET LA FORMATION COMMERCIALE

A *Texte d'introduction*

A l'heure actuelle coexistent en France deux sortes d'enseignement supérieur: l'un dispensé dans les universités, l'autre dans les grandes écoles.

Ces dernières ont été créées avant la Révolution (l'école des Ponts et chaussées[1] date de 1715) dans le but de suppléer à la pénurie de cadres scientifiques, techniques et militaires. Les grandes écoles de commerce sont nées au XIXe siècle à l'instigation du patronat (Sup de Co[2] Paris remonte à 1820). Elles n'ont cessé de se multiplier depuis.

Bien que l'université ait détenu et détienne toujours le quasi-monopole de la formation professionnelle de haut niveau (médecine, pharmacie, droit dans une certaine mesure), le fossé s'est creusé entre l'image qu'on avait de l'un et de l'autre secteur.

L'enseignement commercial: université ou sup de co?

Les universités

Ce sont des établissements publics de grande taille placés sous la tutelle du ministère de l'Education nationale qui octroie les diplômes et les grades. La loi de 1968 leur a accordé l'autonomie, celle de 1982 les a décentralisées. Malgré tout, elles présentent une structure homogène. L'enseignement y est structuré en cycles. Le premier s'effectue en deux ans et mène au Diplôme d'Etudes universitaires Générales (DEUG). L'obtention de ce dernier permet l'accès au deuxième cycle qui aboutit à une licence (après un an) ou bien une maîtrise (après deux ans). La maîtrise est donc une formation 'bac plus quatre', c'est-à-dire quatre années d'études supérieures après le baccalauréat. Finalement, le troisième cycle comporte les DEA (diplômes d'études approfondies), les DESS (diplômes d'études supérieures spécialisées), enfin les doctorats.

[1] l'Ecole des Ponts et chaussées: Grande Ecole d'ingénieurs.
[2] Sup de Co: Ecole Supérieure de Commerce.

35

Contrairement aux universités britanniques, les universités françaises ne pratiquent pas de sélection d'étudiants (sauf pour certaines filières telles que la médecine, la pharmacie où le nombre d'étudiants est limité). L'obtention du baccalauréat suffit. Les étudiants désireux de se lancer dans une carrière de gestion peuvent donc s'inscrire à l'université, en général munis d'un bac B, et suivre une filière DEUG économie-gestion, à la suite de quoi, ils peuvent se diriger par exemple vers une MSG (maîtrise de sciences de gestion).

On y privilégie le développement des connaissances et de la recherche, l'esprit d'analyse, l'académisme, l'enseignement à base de cours magistraux. On leur reproche la surcharge des amphithéâtres, un taux d'abandon ou d'échec élevé, une inadaptation aux besoins des entreprises.

Dans son désir de fournir un enseignement professionnel (autre que celui traditionnel de haut niveau déjà mentionné), le gouvernement a créé en 1966 les IUT (instituts universitaires de technologie) rattachés aux universités. Ils proposent plusieurs formations, parmi lesquelles la gestion des entreprises et des administrations (GEA) avec diverses options commerciales. Au bout de deux ans, les étudiants passent un DUT (diplôme universitaire de technologie). Leur atout est un enseignement basé sur la pratique (un stage d'environ quatre semaines par an) et effectué par des professeurs qui viennent des entreprises. Les étudiants y sont très encadrés. En effet, ils sont soumis à des contrôles réguliers, doivent suivre trente à quarante heures de cours par semaine et l'absentéisme n'y est pas toléré. Les IUT comptaient 53 000 étudiants en 1980, 68 000 en 1990. Le nombre de ces établissements ne cesse de croître, et le gouvernement, dans son programme 'Universités 2 000' veut les relancer, créer 50 000 places supplémentaires et les essaimer vers les villes moyennes (175 nouveaux départements d'IUT sont prévus d'ici à 1995). D'après *Le Monde* du 15 avril 1992, 65 pour cent de leurs diplômés trouvent un emploi stable dans les six mois qui suivent leur réussite à l'examen.

36

Les écoles de commerce

Contrairement aux universités, elles sont privées, elles ont une capacité d'accueil restreinte, et des droits de scolarité élevés, bien que normalement elles ne soient pas des établissements à but lucratif. Elles sont de statut divers. Certaines d'entre elles sont soutenues par une CCI (chambre de commerce et d'industrie) qui leur fournit une partie substantielle de leur financement. Les années 80 ont vu une éclosion de ces établissements; à l'heure actuelle, on compte plus de 8 000 écoles de commerce en France. D'où une concurrence très vive d'un établissement à l'autre. Leur forte participation à des événements publicitaires tels que les Salons de l'Etudiant, les grands concours de voile, témoigne de l'importance de l'image de l'école. Par ailleurs, leur recrutement se fait généralement sur concours, à savoir un examen qui permet un classement des candidats à l'entrée des grandes écoles où le nombre de places est limité. Pour les plus réputées (citons par exemple HEC, ESC Paris, ESSEC) plusieurs centaines de candidats peuvent se présenter pour une seule place. La plupart des programmes sont de deuxième cycle. Les candidats à ces écoles peuvent donc suivre un DEUG, un DUT ou une formation spéciale préparatoire appelée 'prépa HEC'. Une fois intégrés, les étudiants ont en principe trois années à faire dans l'école.

Elles ont pour point commun une formation commerciale intensive, la maîtrise d'au moins une langue étrangère (en principe l'anglais), un enseignement professionnel, les stages en entreprise. On leur fait grief de leur élitisme, de leur petite taille, du mode de sélection à l'entrée, de leur décalage par rapport aux besoins réels des entreprises, de la cherté de leurs étudiants une fois sur le marché du travail, de ne correspondre ni aux normes européennes ni aux normes américaines.

Changements qui se dessinent face à la concurrence internationale

Les pouvoirs publics ont mis en doute l'adéquation des grandes écoles aux besoins de l'économie et la qualité de leur formation face aux défis mondiaux. Ils souhaitent voir leurs effectifs doubler, leur niveau se généraliser à un bac plus quatre. Par conséquent, ils favorisent le développement d'une réelle concurrence entre le secteur universitaire et le secteur grande école. Aussi a-t-il prévu dans sa réforme de l'enseignement, dont les caractéristiques principales ont été fixées dans la loi d'orientation votée en juillet 1989, l'essor d'autres filières professionnalisées à la fac. A cet effet, ont été créés en 1991 les IUP (Instituts universitaires professionnalisés), au nombre de 23 en 1992. Ils couvrent cinq domaines, dont un de commerce et gestion financière. Après un DEUG sanctionné par un DEUP (diplôme d'études universitaires professionnalisées), les étudiants ont accès à des licences et des maîtrises dans la carrière choisie. Ce deuxième cycle peut être prolongé par un troisième. Tout comme dans les écoles de commerce, une partie des professeurs sont des professionnels. En outre, il faut faire au moins six mois de stage en entreprise.

De leur côté les grandes écoles ont senti souffler le vent de l'internationalisation et ont compris la nécessité de s'adapter et de s'ouvrir à l'étranger. Les plus grandes ont établi des échanges et des accords hors des frontières. En outre, des échanges européens du type Erasmus facilitent la mobilité des étudiants et des enseignants au sein de la Communauté Européenne.

Conclusion

Malgré une volonté marquée de la part du gouvernement de développer les filières professionnelles à l'université, en dépit de la remarque de Jean-Pierre Chevènement, ministre de l'Education nationale en 1984, selon laquelle 'la compétitivité de nos entreprises se joue déjà, au moins en partie, dans nos universités' (*Apprendre pour entreprendre*, Livre de

Poche, p. 136), nonobstant l'attitude des étrangers qui trouvent la dualité du système français bizarre, il n'en demeure pas moins que les Français sont très attachés aux grandes écoles. Pour le moment, les étudiants à la recherche d'une formation commerciale solide, débouchant sur une carrière de cadre supérieur enviable, préfèrent l'élitisme et le prestige d'une Sup de Co à l'université.

Références

Minot, Jaques *Histoire des universités françaises*, Collection 'Que sais-je?' no. 2600, PUF, (1991).
Mermet, Gérard *Francoscopie*, Larousse, (1991).
Le guide de l'étudiant, Bretagne, Groupe l'Etudiant, (1992).
Chevènement, Jean-Pierre *Apprendre pour entreprendre*, librairie générale française, Livre de Poche, (1985).
Magliulo, Bruno *Les grandes écoles*, Collection 'Que sais-je' no. 1993, PUF, (1982).

Activités de recherche

1 En vous appuyant sur des recherches faites auprès des étudiants français, déterminez le rôle des organisations d'étudiants suivantes:

Dans les écoles de commerce: le BDE (Bureau des Elèves)
l'Association des Etudiants
l'AIESEC

Dans les universités: les différents syndicats d'étudiants

2 Trouvez une brochure d'une école de commerce française. Quelles sont les filières ou options proposées? Quelles sont les activités proposées en dehors des cours? Selon la brochure, quels sont les atouts d'une formation dans cette école? Quelles entreprises sont associées à l'école? Quelles sont les possibilités de carrière offertes par l'école?

3 Choisissez une grande université française. Expliquez-en la structure et l'organisation et faites une comparaison avec une grande université britannique.

4 La formation continue à jouer un rôle important en France. Voyez son évolution au cours des dernières années et ses conséqences pour les entreprises.

B *Texte de compréhension*

UN SYSTEME OPAQUE

Recherche et profession libérale: tel est l'avenir idéal pour la moitié des étudiants. Malheureusement, le tiers à peine reconnaissent avoir des chances d'y parvenir et en majorité ils savent qu'ils travailleront plus probablement dans l'enseigne-ment, en entreprise ou dans l'administration. Ce décalage entre ce que valorise l'université et ce qui attend les étudiants, entre les rêves et la réalité n'est pas entièrement négatif, les études supérieures devant d'abord être une stimulation et

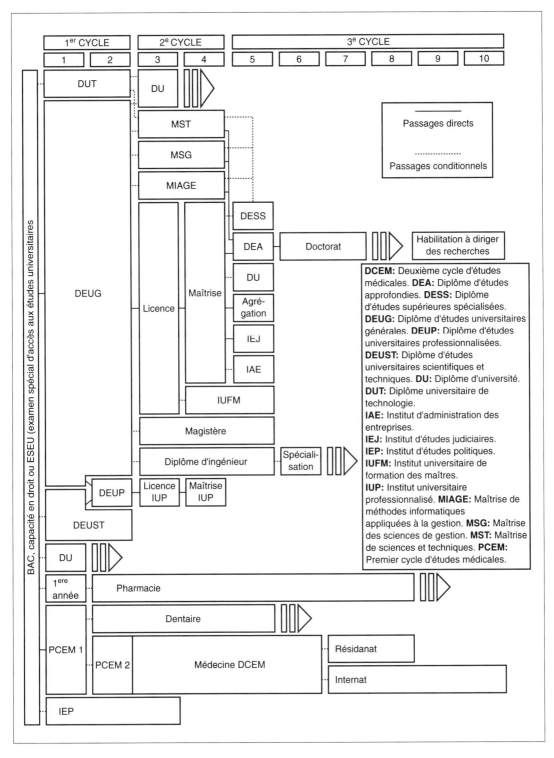

Les études à l'université

(Source: *L'Etudiant Annuaire* 1992)

une ouverture intellectuelle. Mais il recèle pour les étudiants un danger évident: celui d'acquérir une qualification qui ne sera pas 'vendable' sur le marché du travail et d'aborder la vie professionnelle avec un handicap.

Cette appréhension, présente à tous les niveaux d'études, est d'autant plus forte que les étudiants séparent de moins en moins l'intérêt pour la discipline et la réussite professionnelle, l'idéal pour eux étant de réussir sur les deux tableaux.

Les causes principales du malaise étudiant sont de trois ordres: matériel, organisationnel, et pédagogique. Les raisons matérielles sont évidentes: manque de locaux, mauvaises conditions de travail, travaux dirigés surpeuplés, insuffisance des bibliothèques et des installations techniques, mauvaises conditions de logement ou trajets excessifs entre le domicile et le campus, nécessité pour un étudiant sur cinq de travailler pour payer ses études. Tout cela est connu et explique largement la mauvaise humeur des intéressés.

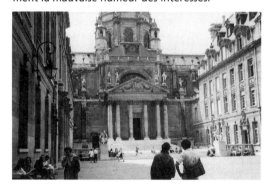

Si ces considérations matérielles sont jugées capitales, elles ne sont jamais citées seules, ni même souvent les premières. Le malaise le plus grave tient à la désorganisation d'un système dont on ne sait ni la logique ni le fonctionnement. En majorité, les étudiants disent ne pas être informés de l'organisation et des débouchés des études. Pour un tiers, ils ont choisi leur orientation à la dernière minute, au moment de s'inscrire. La moitié a eu des difficultés plus ou moins graves d'adaptation. Plus de la moitié d'entre eux n'ont pas été avertis des difficultés qu'ils risquaient de rencontrer en raison de l'insuffisance de leur niveau ou de leur formation antérieure. Cette imprépararation remonte au lycée, comme le montre le sondage auprès des élèves de terminale. Un tiers d'entre eux avouent appréhender l'entrée à l'Université et plus de la moitié ont le sentiment de ne pas savoir ce qui les attend.

Méconnaissance du système et de ses règles de fonctionnement, mais surtout manque de préparation intellectuelle: la rupture dans les méthodes de travail entre le lycée et l'Université est violemment mise en accusation. Les trois quarts des lycéens pensent que le lycée ne les a pas bien préparés à affronter les cours de l'Université. Ils n'ont pas tort: les deux tiers des étudiants sont de cet avis.

Ce sentiment de sauter dans l'inconnu, de pénétrer dans un univers opaque et sans règles claires est profondément générateur d'angoisse. Et celle-ci se reporte inévitablement sur les seuls interlocuteurs disponibles: les enseignants. Autant ceux-ci sont respectés pour leur compétence scientifique, autant ils sont critiqués pour leur pratique pédagogique, manque de contacts, de suivi individuel, absence de préparation méthodologique. Ces étudiants qui devraient apprendre l'autonomie estiment que leur principale difficulté d'adaptation vient du travail personnel qui leur est demandé. Comme ils y sont mal préparés, ils ne le maîtrisent pas. C'est pourquoi, ils accueillent avec enthousiasme la suggestion d'enseignants 'tuteurs', qui les guideraient, les initieraient aux arcanes de la vie universitaire et leur apprendraient à travailler. C'est pourquoi également ils sont très favorables à l'idée d'un trimestre d'orientation qui leur permettrait de prendre la mesure de leur nouvel univers et de tester leurs choix.

Plus encore que les mauvaises conditions matérielles, ce sont les défauts d'administration, de structuration du milieu et d'encadrement pédagogique qui sont sensibles aux étudiants. De ce point de vue, le mouvement des personnels administratifs (les ATOS) à la rentrée 1989, en insistant sur le sous-encadrement administratif des universités, a mis en lumière l'une de leurs faiblesses majeures.

Frédéric Gausson (20 juin 1990), *Le Monde Dossiers et Documents* no. 192, octobre 1991.

---

profession libérale a profession allowing for independent practice and usually requiring a high level of training, such as law, medicine or architecture
décalage (m) gap, mismatch
recéler to conceal
travaux dirigés ('T.D.') class where students work independently or in groups under the supervision of a teacher; similar to a tutorial in a British university
débouchés (mpl) (career) opportunities
terminale (m) final year of secondary school
arcanes (m pl) mysteries

Questions sur le texte

1 Pourquoi l'auteur pense-t-il que le décalage entre les espoirs des étudiants et la réalité du marché n'est pas entièrement négatif?

2 Quelle est la conséquence de la peur des étudiants de ne pas avoir de qualification 'vendable'?

3 Quelles sont les lacunes matérielles dans les universités?

4 Quelles sont les difficultés que rencontrent les étudiants à l'entrée à l'université?

5 De quelle manière les étudiants mettent-ils en cause les universités?

6 Pourquoi les étudiants sont-ils angoissés en entrant à l'université?

7 Selon les étudiants, quelles sont les compétences et les faiblesses des enseignants?

8 Pourquoi le travail personnel représente-t-il une tâche difficile?

9 Quelle solution est proposée pour pallier à ce problème, et qu'en pensent les étudiants?

10 Quelle est l'utilité d'un trimestre d'orientation?

Activités écrites

1 Quels sont les avantages et les inconvénients d'un enseignement donné surtout par des cadres qui travaillent conjointement en entreprise, plutôt que par des professeurs à plein temps?

2 Le rôle de l'enseignement supérieur est-il de donner une formation professionnelle?

3 Quelle est l'importance de la participation de la vie associative de l'école où est inscrit l'étudiant?

Thèmes de discussion

1 Que pensez-vous d'un trimestre d'orientation où vous pourriez essayer les cours des différentes facultés de votre université?

2 A la différence des universités britanniques, les universités françaises ne pratiquent pas la sélection des étudiants. Quels sont les avantages et les inconvénients de ce système?

3 A votre avis, devrait-il y avoir une coopération plus étroite entre les entreprises et les universités? Comment envisageriez-vous une telle coopération?

4 Un stage en entreprise d'un an apporte plus à l'étudiant que deux stages de six mois dans deux entreprises différentes. Discutez.

C Grammar

Relative pronouns

Look at the following sentences from the *texte de compréhension*.

'Ce décalage entre ce que valorise l'université et ce qui attend les étudiants...'

'...une qualification qui ne sera pas 'vendable' sur le marché du travail...'

'...un système dont on ne saisit ni la logique ni le fonctionnement.'

'...des difficultés qu'ils risqueraient de rencontrer...'

What is the role of *ce que, ce qui, qui, dont, qu'*, in the sentences?

Relative pronouns are used to link two clauses or ideas. They introduce a relative clause, i.e. one which relates to a previous idea or clause, known as the antecedent.

L'entreprise où je travaille depuis dix ans, est en pleine restructuration.

L'entreprise = antecedent
où = relative pronoun
où je travaille depuis dix ans = relative clause

Qui, que, quoi, dont, où, lequel: meaning, function and main uses

(i) *Qui* means:

- who, which, that;
- is the subject of the clause which follows;
- refers to either a person or a thing.

   La personne qui parle au directeur vient d'être recrutée.
   (The subject of parle is qui = la personne.)

   Soyez gentil de me passer la circulaire qui se trouve à votre droite.

(ii) *Que* means:

- whom, which, that;
- is the direct object of the clause which follows;
- refers to either a person or a thing;
- before a vowel que becomes *qu'*.

   L'article que vous m'avez montré sur l'OPA de Nestlé lancé sur Perrier est fort intéressant. (The object of 'avez montré' is que = *l'article*.)

   Le stagiaire que nous avons accepté travaillera d'abord dans le service marketing.

(iii) *Qui, Lequel, Quoi*, after a preposition:

- *Qui* or *lequel* can be used if the antecedent is a person.
- *Lequel* agrees with the antecedent and will become *laquelle, lesquel(le)s*.
- *Lequel* will combine with *à* or *de* to become *auquel, auxquel(le)s; duquel, desquel(le)s*.

   Le collègue avec qui/lequel je partage mon bureau est en déplacement.
   Je dois renouveler l'abonnement auquel je me suis inscrite.

Lequel must be used if the antecedent is a thing or an animal.

L'entreprise pour laquelle je fais des traductions techniques va être rachetée.

Quoi refers to an indefinite antecedent or to a whole clause.

Je sais bien à quoi vous pensez.

La situation économique est catastrophique. Il n'y a pas là de quoi se réjouir.

(iv) *Dont* means:

- of whom, of which, whose;
- it must be placed immediately before the subject of the clause which follows and after the noun it relates to;
- it refers to either a person or a thing;
- it can introduce a noun phrase.

P. Kotler est un auteur très célèbre dont tous les étudiants connaissent les livres.
(= tous les étudiants connaissent les livres de P. Kotler.)

It can introduce a verbal phrase:

La signature du contrat dont je vous ai parlé l'autre jour est dans la poche.
(= je vous ai parlé de la signature du contrat.)

It can introduce an adjectival phrase:

Je viens d'acheter un ordinateur dont je suis fort mécontent.
(= je suis fort mécontent de l'ordinateur.)

It *cannot* be used after prepositional phrases such as: à côté de, près de, à cause de, au-dessus de etc. Use *de qui* instead when it relates to a person:

Le conférencier à côté de qui j'étais placée était très sûr de lui.

Use *duquel* when it relates to a thing:

Sur mon bureau, il y a un fichier près duquel se trouve mon calepin.

(v) *Ce qui, Ce que, Ce dont*

- *Ce* acts as an antecedent and may represent a whole clause.
- *Ce* = 'the thing which'.
- The function is the same as for *qui*, *que* or *dont*.

Je ne comprends pas ce qui se passe.

Je ne vois pas ce que vous voulez dire.

Il a pris la mouche et a tenu tête au directeur, ce qui ne lui était jamais arrivé auparavant.

Tout ce que nous pouvons faire pour obtenir gain de cause, c'est protester contre les nouvelles mesures.

Le projet de diversification de l'entreprise, c'est ce dont je voulais vous parler.

(vi) Où means:

- where, to where, in which, at which;
- is used with expressions of time or place.

    Voilà le bureau où je travaille.

    Ça s'est passé le jour où il a donné sa démission.

    Je vois très bien où vous voulez en venir.

Relative pronouns

Function	Where the antecedent is a person	Where the antecedent is a thing or an animal	Where the antecedent is indefinite (ce, quelque chose, rien)
Subject	qui	qui	qui
Direct object	que	que	que
After à	à qui auquel (à laquelle ...)	auquel (à laquelle...)	à quoi
After prepositions other than de (avec, par, sur...)	avec qui avec lequel (laquelle ...)	avec lequel (laquelle ...)	avec quoi
After prepositional phrases with de (loin de, à cause de...)	à cause de qui à cause duquel (de laquelle...)	à cause duquel (de laquelle...)	à cause de quoi
The complement is introduced by de	dont	dont	dont
In expressions of time or place		où	

📼 Structural exercises

A Listen to the recording. Ask the speaker to explain again by using the relative pronouns 'qui?' and 'quoi?' as in the example:

    Cette invitation est pour Christine Berri.
    Elle est pour qui cette invitation?

A vous maintenant

1 Ces documents sont précieux. Ils appartiennent à Monsieur Perkourian.
2 Ce logiciel sert à faire une analyse plus pointue sur la finance.
3 Cette proposition est originale. Elle est de Madame Courtier.
4 Les transports en commun manquent de subventions.
5 Les entreprises se sont plaintes auprès des établissements de formation.
6 Les écoles de commerce multiplient les accords avec des établissements internationaux.
7 L'article du magazine parlait de l'ex-directeur d'HEC.
8 A l'université, on parle souvent de la surcharge des amphithéâtres.
9 Le DEUG mène à des études de deuxième cycle.
10 Dans les écoles de commerce, les étudiants font partie d'associations diverses.

B Link the two sentences that you hear in the same way as the example:

– Elle a suivi un stage de conversion. Ce stage est très cher.
– Elle a suivi un stage de conversion qui est très cher.

A vous maintenant

1 Nous avons emménagé dans de nouveaux locaux. Ils sont spacieux.
2 Refaites-moi cette lettre. Elle est bourrée de fautes.
3 J'ai un chef de produits allemand. Il est très exigeant.
4 Je ne parviens pas à me servir de ce tableur. Il est trop compliqué.
5 Il a acheté une nouvelle voiture. Elle consomme très peu.

C Transform the following sentences according to the examples:

Mon père est président d'une firme qui exporte des produits laitiers.
La firme dont mon père est président exporte des produits laitiers.

J'ai besoin du livre qui donne des renseignements sur les préparations HEC.
Le livre dont j'ai besoin donne des renseignements sur les préparations HEC.

1 Mon ancien camarade de promotion est propriétaire d'une société de service spécialisée dans le nucléaire.
2 Il a envie de la Clio qui est pratique pour circuler en ville.
3 Il m'a parlé de l'expo Séville qui a déjà fait couler beaucoup d'encre.
4 L'inauguration d'Eurodisneyland qui a eu lieu en avril 1992 a attiré moins de monde que prévu.
5 Le VRP de Hachette est le mari de la voisine qui nous a demandé de changer les plombs.
6 Le ministre de l'Education nationale est responsable du remodelage universitaire qui a provoqué une manifestation étudiante le 18 février 1992.
7 Monsieur Varon est le nouveau chef de marketing de la filiale qui se trouve dans le sud-est de l'Angleterre.
8 Corinne est mécontente d'une formation qui est éloignée des besoins du marché.

D Transform the following sentences according to the example:

Le chef de service exports a suivi une formation européenne.
La formation que le chef de service exports a suivie est européenne.

1 En ce moment, Bernard fait un stage rémunérateur.

2 Le voisin a retrouvé un emploi malheureusement stressant.

3 Le gouvernement lance des filières professionnalisées à l'université.

4 Les grandes écoles ont constitué des réseaux internationaux.

5 La conception de ce logiciel a nécessité un nombre d'heures de travail considérable.

Written exercises

A Remplissez les blancs par le pronom relatif requis dans le passage suivant:

L'économie s'étudie à l'université. Le DEUG de Sciences éco _____ comporte beaucoup d'heures de mathématiques et de statistiques n'est pas recommandé aux titulaires du bac G pour _____ les études s'avèrent ardues. Dans certaines facultés, le premier trimestre de ce DEUG est commun avec celui de droit et de lettres, _____ permet une réorientation. La MSG (maîtrise de sciences et gestion) et la MST (maîtrise de science et technique) d'économie d'entreprise _____ les étudiants peuvent avoir accès après la licence, nécessitent moins de maths et de statistiques que la MST d'économétrie. Toutefois, cette filière d'économie gestion _____ présente un taux élevé d'abandon ou d'échec et _____ la qualification qu'elle permet d'obtenir n'est pas en rapport avec les études effectuées (on compte seulement 43 pour cent de cadres avec ce genre de diplômes), est décevante sur le plan des débouchés.

B Fill in the gaps with *qui* or *que*:

1 La dualité de l'enseignement supérieur (universités, grandes écoles) _____ est spécifique à la France risque de ne pas survivre à la concurrence internationale.

2 Le stage _____ j'ai effectué a duré six mois.

3 Je vous propose de discuter affaires au restaurant _____ se trouve à deux pas d'ici.

4 Je vous conseille la bouillabaisse _____ est un véritable délice ici.

5 L'ordinateur _____ vous avez commandé n'est pas encore arrivé.

6 C'est la formation commerciale _____ il a suivie _____ lui a permis d'être tout de suite opérationnel.

C Fill in the gaps with *ce qui* or *ce que*:

1 Je ne sais pas _____ il faut faire.

2 Je ne comprends pas _____ vous expliquez.

3 Avec ces restructurations, personne ne sait _____ va se passer.

4 Ce sont les actes qui comptent et non pas _____ vous pensez.

5 _____ est arrivé à la filiale était prévisible.

6 Vous savez _____ m'a mise en rage? C'est que j'ai été prévenue au dernier moment.

D   Fill in the gaps in the following sentences with the required relative pronoun and preposition, if any:

1 L'école de commerce _____ il est inscrit est prestigieuse.
2 Le livre de marketing _____ on lui a parlé est tout récent.
3 Elle n'a pas donné la raison _____ elle s'est inscrite à l'université.
4 Le professeur _____ j'ai demandé de diriger ma thèse a la réputation d'être sévère.
5 Le rapport _____ j'ai un besoin urgent ne m'est toujours pas parvenu.
6 La conférence _____ j'ai assisté n'avait guère de rapport avec ce qui m'intéresse.

D *Business language skills*

La lettre d'accompagnement ou de motivation

La lettre de motivation accompagne votre curriculum vitae et elle indique vos motivations pour le poste souhaité. Elle peut être envoyée en réponse à une annonce qui a retenu votre attention ou spontanément à une entreprise dont les activités vous intéressent.

La présentation et la mise en page

La lettre doit être **manuscrite,** sans fautes d'orthographe, rédigée avec soin, lisiblement, en respectant les marges, sur une feuille blanche (ni quadrillée, ni lignée), de format A4. Sa rédaction doit comporter l'adresse, l'appel, environ trois paragraphes bien classés (quatre à la rigueur), la formule de politesse, la signature. Voir page 50, modèles de lettres pour l'emplacement des adresses de l'expéditeur et du destinataire, pour la date, pour la référence, pour la formule d'appel etc.

Le contenu

Soyez bref; une page suffit; et de toute façon, n'écrivez pas au verso. La lettre vous présente; elle doit donc être personnalisée. Evitez les platitudes, les formules passe-partout. Employez des phrases courtes, des termes simples, précis, directs.

Ciblez-vous. Mettez en évidence vos qualités, vos compétences, vos points forts, votre savoir-faire en rapport avec le poste souhaité, tout en ne faisant pas un double de votre cv. Montrez ce que vous pouvez apporter à la société. Bref, mettez l'accent sur vos réalisations. Déterminez ce que vous voulez faire et exprimez vos goûts pour le secteur d'activité de votre choix. Indiquez ce que la société peut vous apporter. Surtout, soyez positif.

En réponse à une annonce d'emploi, vos trois paragraphes devraient suivre le développement suivant:

● Le premier: Vous y exposez les raisons pour lesquelles vous avez répondu à l'annonce et vous montrez l'intérêt que vous portez au poste décrit, à l'entreprise elle-même. Pour les offres de stage, il est rare que le nom de l'entreprise soit mentionné. Vous indiquez alors vos aspirations selon le poste dont on a fait un bref descriptif.
● Le deuxième: Vous parlez de vous. Vous soulignez les points importants de votre cv en faisant ressortir les qualités qui font de vous un bon candidat pour le poste. Vous indiquez quand vous êtes disponible.
● Le troisième: Vous concluez sur une proposition de rendez-vous pour un entretien que vous espérez obtenir.

La formule de politesse (Voir Unit 5: p. 80, La correspondance commerciale). Choisissez une formule normale, déférente, mais pas pompeuse, bien que vous soyez demandeur d'emploi. Elle reprend le Monsieur, Madame, etc, qui figure dans l'appel.

S'il s'agit d'**une candidature spontanée**, ne faites pas un mailing au plus grand nombre d'entreprises choisies au hasard; écrivez plutôt un petit nombre de lettres envoyées à des entreprises sélectionnées avec soin (dans un annuaire professionnel ou avec l'aide du responsable des stages si vous êtes étudiant), d'après vos études, vos expériences professionnelles ou stages passés, vos envies.

Après avoir opéré un tri, vous allez effectuer des recherches sur les produits, les activités, la taille des entreprises visées et essayer de connaître le nom du Pdg, ceux des services marketing, recrutement, etc.

Le format de la présentation, le contenu de la lettre obéissent aux mêmes principes que précédemment: motivation, clarté, précision, bonne argumentation, poste désiré, orientation vers un rendez-vous possible. En tout cas: qu'il s'agisse d'une réponse à une annonce ou d'une candidature spontanée, votre lettre doit être *originale*, c'est-à-dire adaptée à l'annonce, à l'entreprise à laquelle elle est adressée. En d'autres termes, il n'est pas question d'écrire une lettre manuscrite passe-partout et photocopiée. A chaque entreprise doit correspondre une lettre différente, ne serait-ce que légèrement.

Quelques formules utiles à la rédaction d'une lettre de motivation.

Notez cependant que ce ne sont pas des formules passe-partout.

Le poste proposé a attiré toute mon attention car il offre la possibilité d'évolution dans la carrière que j'envisage.

La perspective de collaborer à une société dont l'activité principale est l'étude de marché m'intéresse tout particulièrement.

Je cherche un stage susceptible de développer mon sens des responsabilités car j'envisage une carrière de cadre supérieur.

Travailler au sein d'une équipe de marketing correspond à mes aspirations.

Je pense correspondre au profil que vous recherchez dans le cadre d'une action marketing avec l'anglais et une deuxième langue étrangère.

Je vous envoie ci-joint mon curriculum vitae qui vous donnera de plus amples détails sur mes études et mes expériences professionnelles.

Mon curriculum vitae ci-joint vous permettra de mieux juger mes aptitudes.

Dans l'espoir que mon curriculum vitae retiendra votre attention, je suis à votre entière disposition pour vous rencontrer à une date qui vous conviendra.

Ma formation m'a permis d'acquérir de bonnes connaissances en marketing que j'ai pu mettre en pratique grâce à un premier stage en entreprise.

Je pense pouvoir remplir les conditions requises dans votre annonce grâce à ma formation poussée en langues étrangères en plus des bases solides que j'ai acquises en commerce.

Ma formation de base dans une école de commerce anglaise complétée par plusieurs mois d'études en France m'a permis d'enrichir mes connaissances interculturelles.

Grâce à ma formation diversifiée et de nombreux voyages à l'étranger, je pense être en mesure de m'adapter facilement à vos activités de coordination commerciale dans plusieurs pays européens.

Mes voyages à l'étranger lors de mes expériences professionnelles précédentes m'ont permis d'épanouir ma personnalité et de mettre en pratique mes connaissances en langues étrangères.

Mes contacts avec des clients difficiles m'ont permis de développer mes capacités d'adaptation.

J'ai acquis une bonne expérience sur le terrain.

Les tâches que j'ai assumées au sein d'un service particulièrement dynamique m'ont apporté un enrichissement personnel et une volonté d'aller de l'avant.

Dans l'attente d'un entretien avec vous, je vous prie de croire, Messieurs, à l'assurance de ma haute considération.

Dans l'espoir de vous rencontrer, je vous prie de croire, Madame, à l'expression de mes sentiments les meilleurs.

Je serais heureux/se de vous parler de mon projet à l'occasion d'un entretien. Dans cette attente, veuillez agréer, Monsieur, l'expression de mes meilleures salutations.

Modèles de lettres de candidature (*au verso*)

Ce sont seulement des points de référence destinés à vous guider. Ils ne représentent en aucun cas le modèle par excellence.

Activités

Rédigez votre curriculum vitae avec une lettre de motivation en réponse aux annonces de stages de gestion/comptabilité/marketing/vente/communication de votre choix.

 **Entretien avec une étudiante française**

Karine Pinson est en troisième année de formation commerciale à l'Ecole Supérieure de Commerce de Compiègne.

D'après ce que vous venez d'entendre, tâchez de déterminer les traits caractéristiques des formations supérieures en France et en Angleterre.

Etes-vous d'accord avec les remarques que vous avez entendues sur l'éducation supérieure britannique?

S'il y a des étudiants français dans votre établissement, posez-leur les mêmes questions et comparez les réponses.

Réponse à une annonce

```
Melle Clare Hariot                    STAG'ETUD
56 Eltham Park Gardens                47 Av. Paul-Vaillant
London SE9 1AP                        Couturier
England                              92 257 Gentilly Cedex

                                     Londres, le 18 février 1993

Réf: 14 303
```

Messieurs,

Suite à l'annonce de stage parue dans *Le Monde* du 5 février 1993, je vous envoie ci-joint mon curriculum vitae qui vous permettra de mieux cerner mon profil. Grâce à ma formation, j'ai acquis des bases solides en marketing. J'ai pu les mettre en pratique, entre autres, lors de mon travail à temps partiel que j'effectue en ce moment. En outre, ma connaissance de l'anglais (ma langue maternelle) et ma maîtrise du français peuvent vous être particulièrement utiles. Travailler au sein d'une équipe de marketing dans le but de réaliser des opérations promotionnelles me semble une évolution tout à fait intéressante. Je suis disponible à partir de début mars 1993 et me mets à votre entière disposition pour un entretien au cas où ma candidature aurait retenu votre attention.

Dans l'attente, je vous prie de croire, Messieurs, à l'expression de mes salutations distinguées.

Candidature spontanée

```
Melle Clare Hariot                    M. A-M. Bergerette
56 Eltham Park Gardens                GAF France S.A.
London SE9 1AP                        91 Bd Malesherbes
England                              75 008 Paris

                                     Londres, le 12 janvier 1993
```

Monsieur,

Après une formation équivalente d'un DUT, je poursuis actuellement des études en marketing international qui comportent, outre les connaissances commerciales requises, une excellente maîtrise du français. Mes premières expériences professionnel les m'ont permis de me familiariser avec le secteur des ventes, marketing pour l'exportation.

À la recherche d'un stage longue durée (au moins six mois) qui fait partie intégrante de mes études, je souhaiterais valoriser ces expériences en aidant à mettre au point, par exemple, une méthode de réflexion de marketing pour exporter en Angleterre.

Je vous envoie ci-joint mon curriculum vitae et souhaiterais pouvoir vous rencontrer. Je suis disponible à partir de mars 1993.

Dans cette attente, je vous prie de croire, Monsieur, à l'assurance de ma haute considération.

Réponse positive à une lettre de candidature

```
Société Europlat Consultants          Mlle Clare Hariot
29 Av. Guy de Maupassant              56 Eltham Park Gardens
78 400 Chatou                        London SE9 1AP
France                               Angleterre

                                     Chatou, le 18 février 1993

Réf: 14 303
```

Mademoiselle,

Nous avons bien reçu votre courrier concernant votre candidature à la proposition de stage en marketing parue dans *Le Monde* du 5 février 1993. Afin d'étudier votre profil plus attentivement, nous souhaiterions vous rencontrer pour une entrevue.

Pour cela, il faudrait que vous preniez rendez-vous avec mon assistante dès que possible au 46 47 34 62.

Dans l'attente de vous voir, nous vous prions d'agréer, Mademoiselle, l'expression de nos sincères salutations.

```
                                     Bernard Canchat
                                     Ressources Humaines
                                     Service des Stages
```

Réponse négative à une lettre de candidature spontanée

```
GAF France S.A.                       Mlle Clare Hariot
91 Bd Malesherbes                     56 Eltham Park Gardens
75 008 Paris                         London SE9 1AP
France                               Angleterre

                                     Paris, le 2 février 1993

Réf: 1630 AMB. Cm
Objet: stage marketing/commerce
```

Mademoiselle,

Nous avons bien reçu votre courrier concernant votre demande de stage et nous vous remercions de l'attention que vous portez à notre groupe.

Après avoir étudié les différentes possibilités d'accueil au sein de notre entreprise, nous avons le regret de vous informer qu'il ne nous est pas possible d'y répondre favorablement.

Nous vous prions d'agréer, Mademoiselle, l'expression de nos salutations distinguées.

```
                                     A-M Bergerette
                                     Chef du Service Recrutement
                                     et Développement
```

STAGES

Le service des offres de stages est désormais accessible en tapant directement 3615 LEMONDE.

Les personnes intéressées doivent contacter directement STAG'ETUD (47, av. Paul-Vaillant-Couturier, 94257 Gentilly Cedex), le service des stages de la MNEF, en téléphonant au (1) 49-08-99-99.

Les entreprises désireuses de passer des offres sont priées de consulter directement cette association au 45-46-16-20.

GESTION

Lieu: Paris et R.P. Date: indéterminée. Durée: 6 mois mini. Ind.: 10 000 F brut. Profil: bac + 2. Mission: agent de maîtrise chargé de l'exploitation. 11860.

Lieu: Paris et R.P. Date: indéterminée. Durée: 6 mois mini. Ind.: 10 000 F brut. Profil: bac + 4/5. Formation scientifique. Mission: chargé d'exploitation d'une ligne de métro (encadrement des départs, terminus et suivi des lignes). 11859.

Lieu: Paris et R.P. Date indéterminée. Durée: 6 mois. Ind.: à définir. Profil: bac + 5, finances, comptabilité. Mission: effectuer et gérer des opérations financières. 11858.

Lieu: Evry. Date: immédiat. Durée: 3 mois mini. Ind.: 3 000 F mini. Profit: bac + 2, gestion et commerce. Mission: effectuer des opérations en comptabilité et gestion. 11857.

Lieu; Evry. Date: immédiat. Durée: 2 mois. Ind.: à définir. Profil: bac +1/2, notions d'informatique. Mission: administration des ventes. 11855.

Lieu: Evry. Date: immédiat. Durée: 1 mois mini. Ind.: à définir. Profil: bac + 1/2, notions d'informatique. Mission: gestion des commandes. 11854.

COMPTABILITÉ

Lieu: Trappes. Date: immédiat. Durée: 1 mois. Ind.: à définir. Profil: bac + 2, BTS écoles de commerce et gestion, d'informatique; Word 5, Ordicompta souhaité. Mission: comptable unique pour PMU/bureau d'études; devra assurer le suivi commercial. 12750.

Lieu: Paris. Date: immédiat. Durée: 2 mois. Ind.: 6 200 F Profil: bac + 2, comptabilité Mission: tâches administratives liées à la préparation de la déclaration DADS 2 (honoraires et courtages) au sein de la division financière. 12703.

PERSONNEL

Lieu: Paris. Date: février. Durée: 3 à 6 mois. Ind.: à définir. Profil: bac + 2/4. Mission: contrats commerciaux et relationnels avec clientèle prestigieuse pour 3 cabinet d'audit et de conseil international. 13699.

MARKETING

Lieu: Paris. Date: immédiat. Durée: 3 à 4 mois, anglais courant + 2 eme langue, marketing. Mission: étude de marché (Europe) + étude faisabilité sur création de structures de coordination nationale commerciale dans divers pays européens. 14316.

Lieu: Charelles/Lyon. Date: immédiat. Durée: indéterminée. Ind.: à définir. Profil: bac + 2, marketing, action commerciale + anglais/espagnol. Mission: mettre au point une méthode de réflexion de marketing. 14309.

Lieu: Charelles/Lyon/étranger. Date: immédiat. Durée: indéterminée. Ind.: à définir. Profil: bac + 2/3, marketing/commerce international, anglais/espagnol. Mission: mise en place d'une stratégie commerciale: étude de terrain, synthèse des données. 14307.

Lieu: Paris. Date: juin. Durée: 4 mois. Ind.: à définir. Profil: bac + 4, IAE, magistère, marketing. Mission: assistant d'un chef de publicité (période de formation prévue). 14306.

Lieu: Chatou. Date: immédiat. Durée: 6 mois. Ind.: 5 600 F brut/mois. Profil: bac + 2/3, école de commerce, anglais courant. Mission: assister les chefs de produits d'une équipe de marketing dans réalisation d'opérations promotionnelles. 14303.

VENTE

Lieu: Nantes. Date: mars. Durée: 3 mois. Ind.: à définir. Profil: bac + 1 mini-formation école supérieure de commerce, informatique. Mission: assistant de l'acheteur industriel, négocier des contrats d'approvisionnement, visite des fournisseurs. 16175.

Lieu: Saint-Lô. Date: immédiat. Durée: 3 mois. Ind.: à définir. Profil: bac + 2, BTS action commerciale. Mission: prospection et vente aux entreprises de systèmes de gestion d'adresses. 16174.

Lieu: Saint-Lô. Date: immédiat. Duré: 3 mois. Ind.: à définir. Profil: bac + 1/2, informatique: Apple PC. Mission: vente de matériels micro-informatiques. 16171.

Lieu: Paris. Date: février. Durée: 3 mois. Ind.: 1 600 F + primes. Profil: bac + 3, informatique appréciée. Mission: lancement d'un produit de formation destiné aux responsables de formation. 16170.

INFORMATIQUE

Lieu: Les Ulis. Date: indéterminée. Durée: 1 mois. Ind.: à définir. Profil: bac + 2, informatique. Mission: technicien des réseaux locaux. 17060.

Lieu: Paris et R.P. Date: indéterminée. Durée: à convenir. Ind.: à définir. Profil: bac + 4/5. Mission: collaboration avec ingénieurs informatiques. 17059.

Lieu: Ivry/Seine. Date: mai. Durée: 3 mois. Ind.: à définir. Profil: bac + 2, DUT. Mission: programmeur langage C. 17057.

COMMUNICATION

Lieu: Bayonne. Date: juin. Durée: 1 à 3 mois. Ind.: à définir. Profil: bac + 2 mini, communication, marketing, relations publiques. Mission: assurer relations avec la presse et la communication pour organisation des salons de la société. 18949.

Lieu: Paris. Date: mars. Durée: 2/4 mois. Ind.: 1 500 F. Profil: bac + 2, langues, aptitudes rédactionnelles, connaissance de la vie musicale, notions de saisie et TTX. Mission: assistants pour la coordination de la Fête de la musique. 18935.

(Source: *Le Monde*, 5 février, 1992.)

Unit 3 L'éducation et la formation commerciale

Unit 4

L'ENVIRONNEMENT

A Texte d'introduction

Consommation débridée, suivie d'un cri d'alarme sur l'épuisement des ressources naturelles; trou dans la couche d'ozone; pollution de l'air et de l'eau; pluies acides et déforestation; montagnes de déchets; catastrophes écologiques dues aux accidents nucléaires, pétroliers ou chimiques. Ces phénomènes ont concouru à remuer l'opinion publique qui les ressent comme une menace pour son bien-être et celui des générations futures. De marginal et relégué à la presse spécialisée, l'environnement est passé au centre des préoccupations. Ainsi, un sondage effectué en juin 1990 en France, pays traditionnellement peu sensible à l'écologie, a révélé l'importance de cette prise de conscience de la part des Français: 64 pour cent des sondés se sont déclarés prêts à payer un impôt destiné à la protection de l'environnement.

Cette prise de conscience ne date pas d'aujourd'hui. Né dans les années 60 et activé par les *soixante-huitards*, le mouvement écologique français se trouvait alors dans un état embryonnaire et n'était guère pris au sérieux. Il a repris un second souffle qui a culminé vers la fin des années 80, grâce aux efforts de quelques groupes internationaux de pression, tels Greenpeace. A l'heure actuelle, l'écologie est devenue l'une des priorités gouvernementales, sociales, voire industrielles. La troisième vague, celle des années 90, la verra peut-être devenir l'objet d'actions durables, globales et pas seulement ponctuelles, au gré de la mode du moment, ou en réaction au coup par coup aux pressions extérieures.

Le gouvernement français et l'environnement

Bien que le gouvernement français ait chapeauté la gestion scientifique des écosystèmes dès le 19ème siècle, qu'il ait agréé divers mouvements associatifs et leur ait accordé un soutien financier (on en comptait 1250 en 1988), il n'en demeure pas moins qu'il a agi surtout sous la pression des événements et que la France est en retard par rapport à d'autres pays (citons les Pays-Bas, l'Allemagne ou les pays scandinaves) quant à la dépense pour la protection de l'environnement. Sous la poussée des 'écolos', un ministre de l'environnement a été institué. Mais cette initiative tardive par rapport aux pays nordiques ne permet pas de prétendre à des résultats efficaces. La politique de l'environnement est une politique à long terme.

Le Sommet de la Terre à Rio de Janeiro en mai 1992, la plus grande conférence sur l'environnement dans l'histoire, a mis en lumière la nécessité pour les gouvernements nationaux d'agir en matière d'environnement. La France, comme les autres pays participants, s'engage à sauver la terre. Son ministre de l'environnement d'alors a précisé ses priorités: harmoniser les taxes européens sur les carburants; rendre plus sévères les normes d'émission des véhicules; réduire la circulation dans les centres villes; relancer les investissements dans les transports en commun. *L'écotaxe* – qui devrait, entre autres, réduire les déchets en faisant payer ceux qui les produisent – reste un projet à long terme. Mais vu la production annuelle française (579 millions de tonnes dont 29 millions de tonnes d'ordures ménagères) le pays a atteint le seuil de saturation. C'est pourquoi l'ADEME (la nouvelle agence de l'environnement pour la maîtrise de l'énergie) après un projet de relance sur la politique de stockage et débarras des déchets en janvier 1992, prévoit une taxe de FF20 par tonne sur la mise en décharge.

Depuis 1976, une législation a été mise en place sur les 'installations classées pour la protection de l'environnement' sous le contrôle du ministère de l'environnement, suivie, en 1977, d'une autre sur les produits chimiques.

Le rôle de l'Europe

Etant un problème international, voire global, les initiatives prises par la Commission Européenne sont plus importantes pour l'environnement. Pour atteindre un niveau général de pureté d'eau et d'air, la Commission a imposé des limites sur les émissions de gaz toxiques et la décharge des égoûts dans les rivières et les mers. Chaque gouvernement doit veiller à ce qu'elles ne soient pas dépassées, sous peine d'amende, tout en décidant lui-même sur les moyens d'y parvenir. Il s'avère néanmoins souvent que les mêmes mesures sont prises dans toute l'Europe, surtout quand ça touche des industries globales telles l'automobile. C'est ainsi que l'essence sans plomb a été introduite dans tous les pays membres de la Communauté et que le pot catalytique, aujourd'hui le seul moyen de se conformer aux normes strictes européennes, doit se généraliser.

D'autres protocoles et accords ont été passés à la suite des conférences mondiales. Dans le but de responsabiliser les industries envers l'environnement, le *principe du pollueur payeur* (PPP) a été instauré par les pays de l'OCDE dès 1972. Les chlorofluorocarbones (CFCs), fauteurs du trou dans la couche d'ozone, déjà interdits dans les aérosols aux Etats-Unis depuis 1978, seront bannis en Europe à la fin du siècle. En cas de risques écologiques, la Conférence sur la Sécurité et la Coopération en Europe (CSCE) propose de créer une force d'intervention pour l'environnement: une armée de 'casques verts' au sein des opérations des Nations Unies. Des réglementations plus universelles sur l'environnement se sont avérées difficiles: le sommet de Rio n'a pas vu de progrès significatif, faute d'un consensus général sur les mesures à prendre et surtout à cause des conséquences négatives pour l'économie des actions protectrices.

Le consommateur, un moyen d'action sur les entreprises?

On a pu remarquer dans le courant des dernières années un changement très net de l'attitude du consommateur. Mieux informé que ses aînés grâce au matraquage médiatique et scientifique, il peut mieux mesurer les conséquences de la dégradation du milieu ambiant. Conscient du bétonnage accru du sol, de la congestion urbaine, de l'épuisement possible des ressources naturelles, il éprouve un ras-le-bol. Celui-ci se manifeste par un rejet de la consommation effrénée, caractéristique des années antérieures, un désir d'évasion, de retour à la nature, et surtout par le besoin de léguer à ses enfants une planète qui ne se transforme pas en peau de chagrin.

Il est donc plus difficile de le tromper et il boudera systématiquement les produits d'entreprises réputées polluantes. Le boycottage est donc une arme puissante entre les mains du consommateur.

La réaction des entreprises

Prises en tampon entre une législation de plus en plus contraignante et les exigences des consommateurs qui se tournent désormais vers les produits 'amis de la terre', les entreprises ne peuvent plus adopter la politique de l'autruche et doivent prendre en compte les conséquences sur l'environnement de leurs activités, qu'il s'agisse du contenu du produit, de son emballage ou de sa fabrication.

La Commission Européenne propose une directive qui contraindra les entreprises industrielles à construire des usines propres avec la meilleure technologie disponible (MTD). Celle-ci implique une production minimale de déchets, une consommation réduite de matières premières et d'énergie, et la possibilité de recycler les matériaux utilisés.

En fait, certains prévoient dans le processus de fabrication d'un produit ses effets sur l'environnement du berceau jusqu'à la tombe. C'est la philosophie du fabricant allemand d'automobile Daimler-Benz, qui vante les qualités écologiques de ses voitures haut de gamme, dont les matériaux de construction sont à 85 pour cent recyclables.

L'époque des gammes des produits verts a commencé en 1990 avec le lancement de plusieurs produits de grande consommation étiquetés écologiques. Ces écoproduits étaient souvent les challengers de grandes marques; la petite société belge Ecover, spécialiste en lessives et savons à base de produits peu nocifs, a vu sa part de marché passer de 3 pour cent à 10 pour cent, grâce uniquement à son image écologique. Les grandes marques européennes ont suivi pour ne pas perdre leur part du gâteau: témoin les lessives sans phosphates de Henkel 'Le Chat' et d'Unilever 'Persil'.

De surcroît, avoir un label de pollueur a un effet négatif sur l'image du fabricant et peut coûter très cher. La découverte de benzène dans l'eau Perrier a provoqué le retrait de 165 millions de bouteilles des rayons et une méfiance du client qui s'est tourné vers d'autres marques d'eau minérale. Or, rattraper un consommateur et le fidéliser à nouveau est loin d'être facile.

Le consommateur des années 90 est confronté par une véritable avalanche de produits verts. Monoprix en commercialise actuellement 60; Carrefour a son 'Programme nature', Prisunic son 'Pacte vert' et Cora sa gamme 'Génération verte'. Mais ces produits emballés 'en vert' sont-ils toujours bénéfiques pour l'environnement? La prolifération des produits verts ne correspond-elle pas à une image donnée par les hommes de marketing qui ont vu là un marché intéressant?

Il a donc fallu déterminer des normes de fabrication qui garantissent le caractère écologique d'un produit. Le label NF Environnement – qui fera partie d'une famille de labels NF – devrait suivre l'initiative des Allemands avec leur éco-label 'Ange Bleu'. Tout en rassurant l'acheteur sur l'aspect non-polluant du produit, ce label représente un atout de vente pour les entreprises-fournisseurs.

L'avenir

Il semble difficile de revenir en arrière et d'ignorer les problèmes environnementaux. Il semble également inconcevable de dire carrément halte à la consommation; un développement durable paraît être la solution préconisée. Survivront les entreprises qui auront su s'adapter à la nouvelle demande du marché et pu investir suffisamment pour promouvoir des produits qui répondent à la fois à la qualité et à l'impératif écologique. Ainsi que le fait remarquer *l'Expansion*, le principal champ de compétition de l'avenir sera la bataille de l'éco-efficacité.

Références

Robins, Nick *L'impératif écologique*, traduit de l'anglais par Paul Chemla, Calmann-Levy, (1992).
Simonnet, Dominique *L'écologisme*, Collection 'Que sais-je?', PUF, (1991).
Alphondery, Pierre; Bitoun, Pierre, et Dupont, Yves *L'équivoque écologique*, La Découverte, (1991).
Les écolos sont-ils capables de gouverner? *Science et Vie Economie*, no. 83, mai 1992.
Sciences et Avenir, no. 541, mars 1992.

Activités de recherche

1 Ecoutez l'entrevue avec Jacqueline Lenglet. Repérez ses idées sur l'environnement et regroupez-les sous deux rubriques: (i) l'attitude du consommateur français; et (ii) la politique des entreprises françaises vis-à-vis de l'environnement.

2 Trouvez les fabricants de produits verts les plus connus dans les secteurs suivants:
- les produits laitiers;
- les produits de lessive;
- les produits de beauté;
- l'habillement.

Citez quelques marques dans chaque secteur et déterminez leur marché cible.

3 Choisissez une société (comme Ecover) qui doit sa réussite à la prise de conscience écologique. Faites une évaluation de sa politique marketing par rapport à ses concurrents.

4 'Hier le BCBG[1], aujourd'hui l'écolo. Demain il y aura une autre grande mode dans la consommation. Les entreprises n'ont pas à développer des technologies vertes, mais plutôt créer des images pour répondre à un besoin immédiat. Le mouvement écologiste appartiendra bientôt au passé.' Qu'en pensez-vous?

[1] BCBG: Bon chic, bon genre; equivalent to English 'yuppie'.

B *Texte de compréhension*

MODE ECOLO: L'ART ET LA MATIERE

L'écologie est à la mode, il était inévitable que la mode soit à l'écologie. Voilà qui est fait, les tissus bio certifiés non chimiques viennent de tenir Salon. Un Salon très particulier: il s'appelle Première Vision et permet à des tisseurs de présenter leurs matériaux plus d'un an à l'avance, pour que les fabricants et les stylistes du monde entier viennent y faire leur marché. Papesse des lieux: Li Edelkoort, une Néerlandaise vivant à Paris, qui diffuse des cahiers de tendances devenus des bibles. Si l'on en croit l'oracle, désormais l'élégance ne se compromet plus avec les tueurs de fauve, les massacreurs de forêts, les empoisonneurs de rivières et les magiciens du synthétique. Elle est verte de la tête aux pieds, verte et multicolore. La technique est prête, les circuits sont en place. Emportés par le courant écolo, les industriels du textile s'emploient à reverdir leur technologie. Car l'écolo chic exclut tous les tissus synthétiques et même tous ceux qui ont fait l'objet d'un traitement chimique, donc polluant.

Chassez la chimie, le naturel revient au galop. Pour obtenir du coton coloré, par exemple. Lors d'une expédition dans les Andes, une entomologiste américaine, Sally Fox, a découvert des plants sauvages dont les fleurs épousent toutes les nuances du beige au marron, du vert jade au bleu vif. C'est autant d'économisé sur la teinture. Grâce à ces cotonniers, désormais domestiqués, Levi Strauss propose des jeans couleur caramel qui comme les glaces bio, sont garantis sans colorant. En Italie, Naj Oleari fait travailler un centre botanique afin d'obtenir de nouvelles fibres textiles, tandis que l'industriel Pecci colore les fils de soie brute avec de l'extrait de curcuma et des oeufs séchés de cochenille.

Comme la palette naturelle reste un peu tristounette pour la mode, on cherche des colorations garanties non polluantes. Chez les fabricants de textile, la bio-teinture fait florès, où l'on réinvente bien souvent les procédés de nos grands-mères. C'est ainsi que le fabriquant de jeans Spector's a retrouvé les vertus brunissantes de la feuille de thé et le pouvoir fixateur du vinaigre. Même le noir doit se mettre au vert. Traditionnellement, il nécessite comme fixateur le chrome, redoutable poison. Mais l'allemand Kunert propose aujourd'hui des collants du plus beau noir et garantis non chromés. Ce procédé, qui vaut de l'or est jalousement tenu secret.

Les tissus sont présentés tels que l'artisanat nous les donne lorsque l'industrie ne les déforme pas. La laine vient de la première tonte d'agneau aussi sûrement que l'huile d'olive vierge de la première pression à froid. Le lin fait un retour en force, tissé comme de la ficelle ou de la toile à sac. La soie ne saurait être que brute ou sauvage. Les jerseys doivent avoir été tricotés sur des métiers rustiques ou, mieux, avec des aiguilles. Le plus chic étant de réutiliser de l'ancien. Le comble de l'écolo-snobisme, c'est de vivre en recyclage. Rien n'est plus élégant qu'un manteau fait en patchwork avec un vieux tapis indien. Les robes en papier recyclé ne sont pas mal non plus.

Jusqu'alors, le petit monde du prêt-à-porter restait indifférent aux états d'âmes d'Antoine Waechter. Pour le printemps, les créateurs revêtent aussi l'habit vert: Jean-Charles de Castelbajac, le pionnier du genre, veut 'sauver la mer'. Il récupère et recycle toile de spinnaker, filets de pêche, kabig, et même les torchons de cuisine des ports basques. Anne-Marie Beretta drape ses femmes de paille et de raphia, les coiffe de feuillages et de joncs. Et, déjà, l'écologie envahit les vitrines, les étalages et les portants des magasins. A Los Angeles, Fred Segal vend des duvets et des doudounes gonflés aux fleurs de pissenlit. A Paris, l'association Robin des bois, antre du bon goût vert militant, propose dans sa boutique du Marais des boutons, des bijoux et des boucles d'oreilles en graines de corozo, ou ivoire végétal, qui ne menacent pas la vie des éléphants. Plus fort encore, la marque américaine Esprit lance, de sa boutique de la place des Victoires, à Paris, sa première Ecollection, une ligne 100 pour cent écologique.

Vestes, shorts, salopettes sont coupés dans ces cotons à teintes naturelles. Les fermetures à glissière, les agrafes, les boutons-pression et autres rivets sont non pas plaqués par électrolyse, mais brossés mécaniquement pour éviter les bains d'acide. Les boutons en bois peint viennent de Caroline du Nord, ceux de corozo arrivent de la forêt équatoriale. Quant aux boutons de verre, ils sont fabriqués au Ghana à partir de bouteilles de Coca pilées au mortier, enrichies de pigments et cuits dans des fours en terre. Même les sacs, en fibre de cactus, ont été tissés à la main dans une coopérative mexicaine.

Tout cela pourrait avoir un furieux air baba cool des années 70, avec des coupes relâchées, des drapés tombants, des robes informes, des châles pleureurs. Mais il n'en est rien. Ni pour le style ni pour le prix. Plus on est nature, plus on copie l'animal civilisé avec des tailleurs à veste bien structurée, des pantalons qui tombent droit, des chemisiers pimpants et de jolies finitions pour dames raffinées. L'écologie s'affirme dans les matières au lieu de s'afficher dans le style. C'est la différence dans la ressemblance. Seuls les initiés reconnaîtront les leurs.

Dominique Brabec, *L'Express,* no. 2130, 8 mai 1992.

tenir salon to be accepted, to 'arrive' (Note the ironic use of Salon, which here refers to the Salon Première Vision, a trade fair for clothes and textiles.)
papesse (f) des lieux lit. the 'female pope' of the place; 'queen bee'
cahier de tendances reports of market trends
reverdir to 'green', to make ecologically sound
cochenille (f) cochineal
tristounette sad (familiar, if affectionate expression)
tonte (f) shearing, clipping
Antoine Waechter leader of the left-wing ecology party
kabig (m) smock
raphia (m) raffia
jonc (m) reed
étalage (m) shelf
doudoune quilted anorak
coupes (f) relâchées long flowing hair styles
châles pleureurs shawls
faire florès to be successful (Note the ironic use of the word florès, evoking an association with flori or fleur.)
antre (m) domain
curcuma turmeric
drapés (m) folds (as in a garment)
spinaker large sail used in yachting

Questions sur le texte

1   A qui le salon 'Première Vision' s'adresse-t-il?
2   Quelle est la mode actuelle dans l'habillement?
3   Avec quoi associe-t-on le traitement chimique des textiles?
4   Pourquoi doit-on chercher désormais des colorations non-polluantes?
5   Sous quelle forme les tissus sont-ils présentés aujourd'hui?
6   Quel type de vêtements portent les plus chic?
7   Selon le texte, dans quelles vitrines, outre l'habillement, voit-on des produits écologiques?
8   Quelle technologie utilise-t-on pour éviter les bains d'acide?
9   A la différence des années 70, comment identifie-t-on le style naturel?
10   Quelle est l'utilité des plants sauvages dans le textile?

▲▲▲ Activités

1 (En groupe de deux ou trois étudiants.) Achetez-vous écolo? Comparez les articles que vous avez achetés récemment (produits d'alimentation, d'entretien, vêtements, etc) avec ceux de vos camarades de classe. Lesquels sont de véritables produits verts?

2 (Discussion en classe ou en groupe.) Les entreprises qui se mettent à 'reverdir' leur production le font par intérêt économique, non pas par conviction écologique. Qu'en pensez-vous?

3 Votre faculté ou école veut présenter une image plus écologique à son public. Vous faites partie d'un comité de conseil sur l'image verte de l'établissement, au sein duquel vous aurez deux tâches à accomplir: faire des recommandations sur les achats et les déchets; et réfléchir au moyen d'inclure ce message écologique dans les activités de relations publiques.

(i) Dressez une liste des mesures que l'école ou faculté devrait entreprendre. Indiquez les priorités, et n'oubliez pas les conséquences financières de vos recommandations.

(ii) Discutez les différentes manières de communiquer les activités de l'école pour protéger l'environnement (brochures ou dépliants publicitaires, expositions, etc; *voir* Unit 9).

4 **Réunion débat: l'imposition de la bouteille consignée.** A l'heure actuelle, seul le Danemark interdit la vente de boissons dans des emballages non consignables. Un comité européen propose une telle loi pour tous les pays membres de la CE. Afin de connaître la réaction de tous les publics concernés par une telle législation, le ministre de l'environnement français réunit des associations interprofessionnelles et des mouvements de consommateurs lors d'un débat table ronde. La classe se divise en 3 groupes pour débattre la proposition.

Groupe A: Vous représentez les fabricants de boissons (surtout les grandes entreprises). Vous êtes contre la proposition qui représenterait pour vous une augmentation des frais de conditionnement, de stockage et de transport et qui se traduirait par une majoration des prix de vente au consommateur final.

Groupe B: Vous représentez les Amis de la Terre. Vous êtes pour la proposition. Elle est pour vous la seule possibilité de réduire le tonnage énorme d'emballages jetés qui menacent l'aménagement de l'espace vert du pays.

Groupe C: Vous représentez l'association des consommateurs. Vous n'avez pas encore pris de position sur la proposition. Tout en exigeant un effort plus important de la part des entreprises pour protéger l'environnement, vous n'accepterez jamais une augmentation générale sensible des prix aux consommateurs. Vous voulez étendre le débat aux emballages recyclables qui devraient, selon vous, être offerts aux consommateurs.

C Grammar

Adverbs

Look at the following sentences from the *texte de compréhension* and notice where the adverbs underlined are placed:

'... <u>désormais</u> l'élégance ne se compromet plus avec les tueurs de fauves.'

'<u>Traditionnellement</u> il nécessite comme fixateur le chromé, redoutable poison.'

'Ce procédé qui vaut de l'or est <u>jalousement</u> tenu secret.'

Adverbs modify a verb, another adverb or an adjective. Unlike adjectives, they are invariable: their spelling does not change.

Formation of adverbs which derive from an adjective

Adverbs ending in -*ment* are formed by:

(i)   adding -*ment* to the **feminine** form of the adjective they derive from:

fort → forte → fortement
facile → facile → facilement
heureux → heureuse → heureusement
attentif → attentive → attentivement

(ii) adding -*ment* to the **masculine** form of adjectives ending with *i*, *é*, or *u*:

poli → poliment
carré → carrément
résolu → résolument

NB. For some adjectives ending in -*u*, a circumflex will be added to the -*u* of the adverbial form:

assidu → assidûment

(iii) Adding an acute accent on a mute *e* of some adjectives before -*ment*.

énorme → énorm**é**ment
précis → précis**é**ment

(iv) Changing -*ent* to -*emment*, -*ant* in -*ammant* for adjectives ending in -*ent* or -*ant* in their masculine singular form:

évident → évidemment
fréquent → fréquemment

brillant → brillamment
courant → couramment

NB. Exceptions:

lent → lentement
présent → présentement

Irregular adverbs

(i) Some adverbs in *-ment* have an irregular stem:

bref → brève → <u>briè</u>vement
gentil → gentille → <u>genti</u>ment

(ii) Other adverbs differ totally from the adjective they derive from:

bon → bien
mauvais → mal
meilleur → mieux
petit → peu

(iii) Some adjectives can be used with a verb, thus modifying the verb and being invariable:

bas/haut/fort → Il parle bas/haut/fort.
clair → Je ne vois pas clair.
dur → Elle travaille dur.
cher → Les énergies de substitution coûtent cher.

Formation of adverbs which do not derive from an adjective

Many adverbs do not derive from an adjective and have a form of their own. They may express a time, a quantity, a place or other abstract idea. Examples are: *hier, aujourd'hui, demain, autrefois, avant, après, tard, bientôt, souvent, déjà, encore, jamais, assez, trop, beaucoup, peu,* etc.

NB. Adverbs of quantity *assez, trop, peu, beaucoup* are followed by *de* when used before a noun: eg. Il y a trop de monde.

Position of adverbs in the sentence

1. In **simple tenses** adverbs are usually placed **after** the verb: eg. Il écrit facilement.

2. In **compound tenses**:
(i) Short adverbs and some adverbs of manner are placed **after** *avoir/être* and **before** the past participle:

Il est <u>déjà</u> arrivé.
Elle n'est pas <u>encore</u> partie.

(ii) Some adverbs of time (*hier, aujourd'hui, autrefois,* etc.) and adverbs ending in *-ment* (which are usually long) are placed **after** the past participle:

Les verts ont protesté hier contre le projet de construire une nouvelle autoroute.
Le gouvernement français n'a pas cédé facilement aux pressions anti-nucléaires.

NB. Many adverbs of time may be found at the beginning of the sentence. The same applies for adverbs ending in *-ment* (see examples from the text). The emphasis is then on the adverb.

> Hier, j'ai acheté du papier à lettre recyclé.
> Désormais, je ferai le tri des ordures ménagères.

Heureusement, malheureusement, may also start or end a sentence.

> Heureusement, le surgénérateur Superphénix a été arrêté pendant deux ans.

> Le pot catalytique n'est pas encore généralisé, malheureusement.

Adverbs ending in *-ment* may be placed between *avoir/être* and the past participle.

> La situation s'est nettement améliorée.

Exercises

A Both *avec* + noun and adverbs can be used to describe the same situation: 'Elle a répondu <u>avec amabilité</u>' and 'Elle a répondu <u>aimablement</u>' have the same meaning but differ in style.

Replace *avec* + noun in the following sentences with the corresponding adverbs.

1 Elle a parlé <u>avec mollesse</u> et son discours est resté sans effet.

2 Il a agi <u>avec une telle rapidité</u> qu'il a évité la catastrophe.

3 Faire des expériences pour des produits cosmétiques sur des animaux de laboratoire, c'est se comporter <u>avec cruauté</u>.

4 Mon collègue s'est lancé <u>avec hardiesse</u> dans une nouvelle affaire.

5 Il m'a annoncé la nouvelle <u>avec une telle brutalité</u> que je n'en suis pas encore remise.

6 Elle prend tellement à coeur les problèmes écologiques qu'elle ne peut s'empêcher d'en parler <u>avec véhémence</u>.

7 Les catastrophes écologiques se sont succédées <u>avec trop de fréquence</u> pour ne pas avoir d'impact sur l'opinion publique.

8 Il parle toujours <u>avec rudesse</u> à ses employés. Ce n'est pas ainsi qu'il les incitera à travailler mieux.

9 Il s'exprime <u>avec une telle intelligence</u> que c'est un plaisir de l'entendre.

10 Le nouveau est rarement satisfait. De surcroît, j'ai remarqué qu'il manifeste toujours <u>avec bruit</u> son mécontentement du moment.

11 L'Hexagone réglemente <u>avec sévérité</u> l'importation des déchets.

B We often use adverbs to qualify or alter the tone of things we say. Qualify the statements and questions below, using the adverbs in brackets.

1 Il a plu sur la moitié nord de la France.
(Hier; abondamment)

2 Des sociétés comme Body Shop, Benetton, ont-elles des préoccupations écologiques?
(Véritablement)

3 Les produits 'verts' sont-ils bons pour l'environnement?
(Réellement)

4 Je ne suis pas si sûre que nos voisins portent leurs bouteilles à recycler.
(Régulièrement)

5 Il ne se lance jamais dans une affaire, aussi prometteuse qu'elle paraisse.
(Aveuglément)

6 Alors, vous avez compris les tenants et les aboutissants?
(Bien)

7 Il faut tenir compte des conséquences possibles des produits sur l'environnement.
(Désormais; absolument)

8 Cette histoire d'eau du Rhin contaminée par des produits chimiques est scandaleuse.
(Carrément)

9 Sans les subventions accordées aux transports routiers, les marchandises seraient envoyées par voie ferrée. Si on comprenait que cela a des conséquences néfastes!
(Seulement; écologiquement)

10 On ne peut continuer à polluer l'atmosphère de la planète.
(Impunément)

11 Il y a quelques années, l'eau de la Tamise était contaminée. Depuis, elle a été assainie.
(Hautement)

12 Faire le tri des déchets ménagers est une habitude qui ne s'acquiert pas.
(Facilement)

13 Les mouvements écologiques n'ont pris que la place qui leur est dévolue. Mais il reste encore de chemin à parcourir.
(Lentement; beaucoup)

14 L'attention des médias s'est portée sur le sommet de Rio pendant un mois. On n'en a plus entendu parler.
(Trop; soudain)

15 Il faut agir si nous voulons laisser à nos enfants une planète propre.
(Vite)

16 Comprenant que ses arguments ne portaient pas, elle s'est arrêtée.
(Net)

17 Pierre? Il travaille pour Greenpeace.
(Toujours)

18 Elle est partie pour une conférence organisée par les Amis de la Terre.
(Avant-hier)

19 Les écologiques français ont-ils un programme viable?
(Politiquement)

20 Taxer l'eau et l'air pourrait être accepté des contribuables.
(Difficilement)

▶ Structural exercises

A You disagree with the statements made by the speaker. Reply as in the example:

Il est difficile de sensibiliser les employés aux problèmes de l'environnement.
Au contraire, on les sensibilise facilement.

A vous maintenant

1 Il est rare de trouver des entreprises qui tiennent compte de la pollution.

2 On voit peu de gens porter des journaux lus pour les recycler.

3 Il est peu courant de rencontrer des clients qui achètent des produits biologiques.

4 Il est fréquent de voir des voitures équipées d'un pot catalytique.

5 Il est facile d'accoutumer le public à se comporter en amis de la planète.

B Confirm the remarks you hear in the same way as the example:

T'es certain qu'il va rater son examen?
Ah oui, il va certainement le rater.

A vous maintenant

1 C'est sûr que le ministre de l'environnement va démissionner?

2 C'est vrai que les Anglais ont une attitude bizarre vis-à-vis des transports publics?

3 C'est définitif, n'est-ce pas? Il existe des lois communautaires pour la protection de l'environnement.

4 Jacques était résolu à vouloir défendre la politique anti-gaspillage?

5 Il est énorme n'est-ce pas? Le terrain qu'on détruit dans la forêt tropicale.

Written exercise

Mettez les adverbes suivants à la place des numéros à l'intérieur des parenthèses. Certains adverbes sont employés deux fois.

> *aujourd'hui – cher – concrètement – constamment –*
> *curieusement – désormais – dorénavant – évidemment –*
> *facilement – forcément – généralement – hier –*
> *largement – malheureusement – nettement – plutôt –*
> *profondément – progressivement – rapidement –*
> *rarement – récemment – respectivement –*
> *seulement – souvent – toujours – tout particulièrement –*
> *traditionnellement – trop – vraiment*

Depuis quelque temps, on ne parle que produits verts, agriculture biologique, dépollution, fabrication propre. Si le panier bio est (1) meilleur pour la santé que celui de l'alimentation ordinaire, (2), il est aussi plus onéreux. De plus, le public ne semble pas distinguer (3) l'alimentation biologique de la nourriture allégée du fait qu'on les vend (4) dans les mêmes boutiques. (5) on trouve plus facilement des fruits et légumes que de la viande. En fait on a répertorié (6) trois bouchers bio à Paris. Ce genre d'alimentation est (7) en grande surface. Elle commence à y apparaître, ainsi, chez Monoprix. Mais on la voit plus (8) dans des chaînes spécialisées comme la Vie Claire, Dame Nature. En outre, bien que la nourriture biologique coûte (9), (10) elle n'est pas (11) synonyme de qualité, mais (12) d'aliment sain.

Quant aux produits verts, on les trouve (13) dans les grandes surfaces. Produits ménagers, aérosols amis de la nature, papier recyclé, couches pour bébé se disputent le label vert. (14), là encore, ils coûtent (15). Le public doit donc modifier (16) ses habitudes d'achat et ne pas (17) regarder au prix, s'il le peut, pour avoir (18) une attitude 'propre' s'il veut que le monde de demain soit vivable.

Par ailleurs, les rapports entre l'industrie et l'économie sont (19) difficiles. Les industriels sont soumis (20) à la pression des pouvoirs publics et des consommateurs. Mais ils veulent produire au moindre coût pour conserver un avantage compétitif. Pris entre le marteau et l'enclume, nombreux sont ceux qui ont compris que les problèmes de l'environnement étaient (21) incontournables. Les chimistes (22) se sont équipés en conséquence. Et la situation des rejets et des stockages de déchets non surveillés s'est (23) améliorée. (24), l'écologie fait (25) partie de la stratégie des grandes industries chimiques et pétrolières qui ont (26) mis en place des programmes de sensibilisation du personnel. Ainsi l'environnement qui passait (27) pour un obstacle au développement et était tenu pour marginal, est passé (28) au centre des préoccupations. On remplace (29) des processus de fabrication (30) polluants par des substituts non polluants. Toutefois, en période de crise économique, leur bonne volonté avouée risque de trouver (31) ses limites. Et ils ne se plient pas (32) de bonne grâce aux directives européennes. Ainsi, le projet de taxe sur les énergies polluantes qui a été (33) adopté par la commission de Bruxelles, a été accueilli avec hostilité.

Malgré tout, il reste qu'on remarque une montée en puissance des préoccupations environnementales dans les entreprises. Celles-ci dépassent (34) le cadre des contraintes de la législation.

D *Business language skills*

L'entrevue d'embauche

Votre curriculum vitae et votre lettre de motivation ont attiré l'attention de votre employeur potentiel. Votre nom a été sélectionné parmi la liste des candidats. C'est donc un bon point de votre côté, mais la partie n'est pas encore gagnée pour autant. Le plus dur reste à faire: le face à face avec plusieurs interlocuteurs qui vont vous interroger, cerner votre personnalité, étudier votre comportement, vos réactions et voir si vous correspondez au profil recherché pour le poste.

L'entretien est en effet le moment décisif de la procédure d'embauche. Comme pour tout ce qui touche à la vie professionelle, il se prépare à l'avance. Rien ne doit être laissé au hasard!

Avant l'entretien

- Documentez-vous sur la société, ses produits et le secteur d'activités concerné.
- Préparez un dossier avec tous les documents vous concernant: diplômes, certificats attestant que vous avez effectué des stages.
- Connaissez bien votre curriculum vitae, ayez la mémoire des dates et sachez expliquer les différentes étapes de votre éducation et carrière.
- Prévoyez une liste de questions à poser sur le poste à pourvoir.
- Renseignez-vous sur l'emplacement de l'entreprise et les moyens de s'y rendre.

Faites votre bilan personnel

1. Quelle est votre formation?
2. Quelles étaient vos fonctions et vos responsabilités passées?
3. Quelle était la nature de votre travail: créatif, administratif, relationnel? Avez-vous eu l'occasion de diriger un groupe de travail?
4. Quel est votre style de travail: êtes-vous plus à l'aise au sein d'une équipe, ou préférez-vous travailler seul?
5. Pouvez–vous travailler sous pression et terminer une tâche à temps?
6. Comment avez-vous résolu des conflits dans votre travail?
7. Comment jugez-vous vos compétences actuelles et lesquelles peuvent vous permettre de réussir dans ce nouveau poste?
8. Quel est votre plan de carrière à court et long terme?
9. Pourquoi avez-vous choisi ce poste?
10. Quelles sont vos prétentions?

N'oubliez pas que le vouvoiement est <u>de rigueur</u>; vous devez <u>négocier</u> la rémunération; vous devez <u>persuader</u> vos interlocuteurs que vous êtes le meilleur candidat pour le poste: dites-leur donc ce que vous pouvez apporter à l'entreprise. <u>Sachez écouter</u> vos interlocuteurs pour fournir des réponses qui tiennent compte de leur remarque. <u>N'hésitez</u> pas aux questions de personnalité – sachez qui vous êtes et répondez franchement. <u>Soyez positif</u>: ne critiquez pas vos employeurs passés, ou même vos professeurs!

Activités

 1 Lisez les annonces qui figurent à la page suivante et faites le point sur les qualités requises pour les postes proposés.

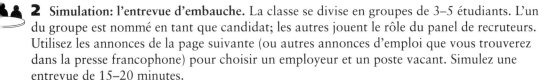 **2** Simulation: l'entrevue d'embauche. La classe se divise en groupes de 3–5 étudiants. L'un du groupe est nommé en tant que candidat; les autres jouent le rôle du panel de recruteurs. Utilisez les annonces de la page suivante (ou autres annonces d'emploi que vous trouverez dans la presse francophone) pour choisir un employeur et un poste vacant. Simulez une entrevue de 15–20 minutes.

Le candidat: mettez à la disposition de l'employeur votre curriculum vitae (en français - *voir* Unit 2) et éventuellement une lettre de motivation (*voir* Unit 3).

Les recruteurs: vous choisissez chacun(e) un rôle dans l'entreprise – directeur de personnel, chef de ventes, responsable marketing etc. Mettez-vous d'accord sur l'organisation de l'entrevue et les questions à poser au candidat.

(*Note au professeur*: l'enregistrement vidéo de cette simulation s'avère très utile, et pour l'évaluation et pour la motivation des étudiants.)

Société de services informatiques
recherche

Chef de ventes

sous la responsabilité du Directeur Commercial et en liaison avec la Direction Technique vous serez chargé de l'encadrement de la force de vente et la gestion administrative des ventes.

Pour le poste basé à Toulouse pour lequel des déplacements sont à prévoir, vous devez justifier d'une expérience réussie dans un poste semblable.

Maîtrise de l'anglais indispensable.

Merci d'adresser CV, photo, lettre de motivation, prétentions en précisant la référence 4300 sur l'enveloppe, à Média-Map, 39 rue Léo Lagrange, 31000 Toulouse, qui transmettra.

Annonce d'emploi (a)

CREATION ET VENTE
EN RHONE-ALPES

auprès du PDG d'un fabricant connu de vêtements haut de gamme, de sport et de montagne.

Responsable Commercial

Venez mettre sur pied notre plan de marketing en restant concret, encadrer notre force de vente et visiter nos gros clients. Vous avez 3–4 ans d'expérience comme chef de produit grand public.

Sup de co. ou équivalent; bonne connaissance de l'anglais pour développer le marché exportation.

Rémunération en fonction des résultats et des expériences passées.

Pour recevoir des informations complémentaires, merci d'adresser votre candidature sous référence 5803 EX à P. Medan, 19 rue Servient, 69003 Lyon.

Annonce d'emploi (b)

Unit 5

LES ENTREPRISES ET L'EUROPE

A Texte d'introduction

Il y a une vingtaine d'années, on parlait de l'importance des marchés européens 'd'exportation'. C'était un défi hors des frontières nationales, un investissement lourd, un 'plus' éventuel pour le chiffre d'affaires des entreprises qui voyaient des créneaux à exploiter en dehors du marché national. Aujourd'hui, les entreprises françaises, tout comme leurs concurrentes britanniques, n'exportent plus en Europe. Celle-ci est devenue leur marché intérieur. Aucune entreprise de grande taille ne peut se permettre d'ignorer la présence du marché unique européen, ni les possibilités que représentent ses 350 millions de consommateurs, ni les menaces posées par la concurrence des autres pays de la Communauté.

La naissance d'une puissance économique

La Communauté Européenne est née des ruines de la deuxième guerre mondiale et du partage du continent en deux blocs Est–Ouest. L'idée d'une Europe construite pierre par pierre s'est peu à peu concrétisée à l'instigation de deux hommes: Jean Monnet et Pierre Schumann. Idées porteuses: créer un bloc économique face aux Etats-Unis et au Japon; assurer la paix en Europe. La clé de la réussite économique et politique devait être la création d'une zone de libre-échange des biens en Europe ainsi qu'une prise de décision commune. C'est pourquoi le traité de Rome, qui a consacré officiellement la naissance de la Communauté Economique Européenne, comportait dans ses 248 articles deux grandes orientations: 1. la libre circulation des personnes, des produits et des services; et 2. l'élaboration de politiques communes dans les domaines agricole, régional, commercial à l'égard des pays tiers, social, juridique et des transports.

Il a été signé par six pays: l'Allemagne de l'Ouest, la Belgique, la France, l'Italie, le Luxembourg et les Pays-Bas.

La première phase: les années 60 ont vu la mise en place de l'abolition progressive des droits de douane, des échanges commerciaux internes; l'instauration de la politique agricole commune (voir encadré) et le fonctionnement des institutions prévues par le traité.

La **deuxième phase: de 1970 jusqu'à l'Acte Unique Européen (1986)**, est une étape marquée par les difficultés dues à la crise internationale par suite des chocs pétroliers et à l'entrée sur les marchés mondiaux des produits compétitifs des nouveaux pays industrialisés qui ont remis en cause des industries traditionnelles comme le textile ou la sidérurgie.

Toutefois le bilan n'est pas entièrement négatif. En effet, la Communauté a accueilli six nouveaux Etats: le Danemark, l'Irlande et le Royaume-Uni en 1973; la Grèce en 1981; l'Espagne et le Portugal en 1986. En outre, le serpent monétaire, embryon d'une union monétaire, a fait son apparition en 1974, pour être remplacé en 1979 par le système monétaire européen, plus souple. Les pays membres doivent respecter les parités des monnaies nationales par rapport à l'écu (European Currency Unit) et les banques centrales interviennent en cas de trop grandes fluctuations des taux de change d'un pays à l'autre. 1979 a représenté une date charnière car depuis cette époque, la Cour de Justice statue et prévaut sur les réglementations nationales au cas où l'un des pays membres empêcherait l'importation, donc la libre circulation, d'un produit communautaire.

La **troisième phase: le Marché Unique et le Traité de Maastricht**. Jacques Delors, devenu président de la Commission en 1985, a donné un nouvel élan à la CEE en proposant un programme de 279 directives qui concernent tous les secteurs d'activité. Elles ont pour but la suppression des frontières internes et l'intégration économique réelles, ainsi que la promotion des PME dans un marché qui représente dans les 350 millions de consommateurs. Ces directives allaient être incorporées dans l'Acte Unique qui devait supprimer les trois grands obstacles au libre commerce en Europe, à savoir:

- les barrières physiques (contrôles douaniers);
- les différences dans les normes techniques;
- les différences fiscales, et surtout celles des taux de T.V.A.

Quant au **traité de Maastricht** qui a tant divisé l'opinion publique avec le choc du 'non' des Danois au référendum pour sa ratification, et du 'oui' tout juste obtenu des Français, il comporte des dispositions nouvelles ou renforcées par rapport au Traité de Rome.

Parmi les articles les plus significatifs du Traité, on compte des actions communes dans les domaines de l'environnement, de la formation, de la protection des consommateurs, de la sécurité et de la politique étrangère.

Fort controversé était l'article sur l'établissement de **l'Union économique et monétaire.** Celle-ci est prévue en trois étapes et devrait aboutir en 1999 au plus tard à la création d'une **banque centrale européenne** et au remplacement des douze monnaies européennes par une monnaie unique.

Quelles sont les conséquences du marché unique sur les entreprises européennes?

Plus de clients, mais plus de concurrents – voilà l'avenir des entreprises. Fini les marchés nationaux protégés – même les secteurs publics doivent ouvrir leurs portes aux entreprises étrangères. L'ouverture des marchés est donc à la fois une opportunité et une menace et exigera une adaptation interne et externe de l'entreprise. Côté interne, il lui sera indispensable d'accélérer le progrès technique, d'avoir des prix de revient plus bas grâce à une meilleure productivité et une fabrication sans perte de temps. L'intensification de la concurrence accélérera la poursuite d'une meilleure qualité des produits. Côté externe, la clé de la réussite sera l'information: l'entreprise devra s'informer plus rapidement sur les besoins du marché et être en mesure de les exploiter. De surcroît, l'informatisation, le recrutement d'eurocadres, la formation du personnel de même que la connaissance d'autres langues européennes seront prioritaires.

Les firmes trop petites n'ont pas les reins assez solides pour surmonter les obstacles de la concurrence planétaire. D'où un phénomène de concentration et une frénésie d'acquisitions, d'alliances et de rachats qui s'est emparée des entreprises françaises en particulier de façon à obtenir une taille suffisante et faire des économies d'échelle. Ce phénomène s'est accéléré depuis 1988. C'est pourquoi il s'est opéré depuis lors un transfert du contrôle de ce genre d'opérations à la Commission Européenne. Celle-ci veille au respect des règles de la concurrence et empêche les situations de monopole.

Mais le rôle de la Commission n'est pas limité à celui d'arbitre; elle est davantage concernée par le développement des entreprises au niveau communautaire et d'actions communes qui donneront son élan à l'économie européenne. Par conséquent, toute une série d'actions de concertation et de coopération a été mise sur pied en recherche et développement et en formation des étudiants à condition qu'y participent au moins deux pays membres. C'est ainsi qu'ont vu le jour des programmes en partie financés par la Communauté et dont voici quelques exemples:

- COMETT pour la haute technologie;
- ESPRIT pour le transfert des technologies aux Pme;
- RACE pour le développement des réseaux de communication;
- BRITE EURAM pour les techniques de production;
- EUREKA, à l'instigation de la France, en réponse à la guerre des étoiles américaine;
- ERASMUS et LINGUA pour les programmes d'échange d'étudiants, ainsi que pour l'apprentissage des langues.

A marché unique, consommateur européen?

On peut remarquer une tendance à l'homogénéisation du comportement et des mentalités des peuples de la Communauté, surtout dans les grandes villes. Celle-ci s'est faite en partie grâce au développement, quoique lent, d'une presse et d'une télévision européennes, cette dernière via le satellite, avec pour objectif de contrecarrer la domination de la culture américaine sur le petit écran; à un système d'éducation plus ouvert sur l'extérieur plutôt que purement national et qui favorise la mobilité des étudiants intracommunautaire; aux nombreux voyages qui permettent le contact et l'adaptation à des cultures et à des langues différentes; à une sorte d'uniformisation de la mode; à la diffusion et à l'adoption de produits, non plus seulement européens mais mondiaux.

Il n'en demeure pas moins que chacun s'accroche à son identité et que les caractéristiques nationales sont fortement ancrées. Témoin, la réaction d'hésitation, si ce n'est de recul devant le Traité de Maastricht avec sa clause sur l'UEM (Union Européenne Monétaire), et la BCE (Banque Centrale Européenne) débouchant sur l'adoption d'une monnaie unique. Bien que celle-ci soit vue par divers économistes comme une nécessité pour les entreprises qui veulent investir, faire des placements et conclure des marchés dans un autre pays communautaire, elle semble bien être la pierre d'achoppement de Maastricht. En effet, battre monnaie est l'un des symboles de la souveraineté des nations et celles-ci, dans l'ensemble, ne sont guère empressées d'y renoncer.

Bref, la CE représente à la fois une attraction puisque de plus en plus de pays demandent à y adhérer, à commencer par ceux de l'AELE. Est-ce une réussite commerciale? Oui, mais fragile car l'Europe est fragmentée, et les diverses crises politiques qui l'ont traversée récemment – guerre du Golfe, guerre en Yougoslavie – ont fait ressortir son absence de politique extérieure commune. En outre, fondée sur la cassure Est–Ouest, elle a du mal à s'adapter à l'ouverture du mur de Berlin, à la réunification allemande et à l'effondrement de l'URSS. Mais elle est aussi ressentie à la fois comme une atteinte à l'identité et à la souveraineté des nations.

Un retour en arrière semble difficile. Une Europe éclatée pourrait signifier, à l'exemple yougoslave, la résurgence des nationalismes. Un bloc économique européen et puissant semble en tout cas indispensable si ses entreprises ne veulent pas être à la traîne des Américains et des Japonais.

La PAC

La PAC (**Politique Agricole Commune**) entrée en vigueur en 1962, avait pour objectifs d'accroître la productivité agricole grâce au développement de la technologie, d'améliorer le niveau des exploitants agricoles, de stabiliser les marchés, de garantir les approvisionnements. Pour les atteindre, on a instauré la libre circulation interne des produits agricoles et des tarifs douaniers uniformes aux frontières de la CEE, ainsi que des prix garantis aux fermiers. Aussi a-t-on institué d'une part des prélèvements sur les produits importés des pays tiers pour qu'ils aient des prix supérieurs à ceux de la CEE, et d'autre part des restitutions aux produits exportés. Les agriculteurs ont donc été incités à produire davantage et ont été protégés artificiellement des fluctuations des cours mondiaux des produits agricoles et des monnaies des pays tiers. La France, principal bénéficiaire de la PAC, s'est montrée réfractaire aux réformes qui se sont avérées nécessaires par la suite. En effet, la production a dépassé les besoins de la Communauté. De déficitaire en 1970, celle-ci est devenue largement excédentaire une dizaine d'années plus tard et ses dépenses budgétaires se sont élevées à 65,3 pour cent en 1992, rien que pour la PAC. Si bien qu'il a fallu renverser la vapeur et prendre des mesures destinées à limiter la production à partir des années 80. Celles-ci ont consisté en une diminution des prix garantis aux agriculteurs; en une baisse des quotas avec des pénalités en cas de dépassement des contingentements; en une rémunération accordée à ceux qui acceptent de laisser au moins 20 pour cent de leur terre en jachère pour un minimum de cinq ans.

Références

Brémond, Janine; Caire, Guy; Charvet, Jean-Paul; Magliulo, Bruno; Nonjon, Alain et Salort, Marie-Martine *l'Europe de 1993 Espoirs et risques*, Hatier collection J. Brémond, (1990).

Le livre de l'Europe, Atlas géopolitique, Stock édition no. 1, (1990).

De Largentaye-Schrameck, Hélène et Frager-Berlet, Martine *Réussir en Europe*, Nathan, (1992).

Germanangue, Marc *Europes mutations économiques*, Hatier collection enjeux, (1991).

Gilmet, Marc et Provence, Jacques *Politique industrielle Etat, Europe, Entreprises*, Hatier collection enjeux, (1992).

Descheemaekere, François *Mieux comprendre le Traité de Maastricht*, les éditions d'Organisation, (1992).

'Europe. Etes-vous prêt?' *l'Entreprise*, no. 75, décembre 1991.

'Politique monétaire et souveraineté nationale', *Le Monde*, 6/7 septembre, 1992.

'Les dangers du "non"', Edouard Balladur, *Le Monde*, 21 août, 1992.

Liste de sigles utiles

AELE Association européenne de libre-échange (anglais EFTA). Elle comportait les pays suivants en 1990: l'Autriche, la Finlande, l'Islande, le Liechtenstein, la Norvège, la Suède, la Suisse.	**EIC** Euro info centre.
	EUREKA European Research Cooperation Agency. Programme de recherche et développement européen lancé par la France en 1985.
AUE Acte unique européen.	**EUVCA** European Venture Capital Association.
BEI Banque européenne d'investissement.	**FEOGA** Fonds d'orientation de garantie agricole.
BERD Banque européenne de reconstruction et développement.	**FMI** Fonds monétaire international.
CAEM (ou COMECON) Conseil d'assistance économique mutuelle. Il organisait le commerce entre les pays socialistes.	**GEIE** Groupement européen d'intérêt économique.
	OCDE Organisation de coopération et de développement économique.
CEE, devenue CE Communauté économique européenne.	**OEB** Office européen des brevets.
	PAC (anglais CAP) Politique agricole commune.
CEN Comité européen de normalisation.	**UEM** Union économique et monétaire.
EEE Espace économique européen. Projet de relations CEE-AELE.	**SEBC** Système européen de banques centrales.
	SME Système monétaire européen.

Activités de recherche

1 Mettez la date qui correspond à chacune des étapes suivantes dans la création de l'Europe:

	Date
1 Création du CAEM (Comecon)	_____
2 Signature du Traité de Rome donnant naissance à la CEE	_____
3 Convention de Stockholm: naissance de l'AELE (anglais EFTA)	_____
4 Signature du traité instituant la CECA	_____
5 Entrée en vigueur de la PAC (anglais CAP): l'Europe verte	_____
6 Rejet de la CED (Communauté européenne de la défense)	_____
7 Réalisation de l'union douanière entre les 6 pays de la Communauté	_____
8 Création d'une zone de pêche de 200 milles nautiques le long des côtes de la CEE	_____
9 Instauration du SME	_____

10 Création d'une politique commune de la pêche; l'Europe bleue   _____

11 Premier élargissement avec l'entrée du Danemark, de
l'Irlande et de la Grande-Bretagne   _____

12 Création du 'serpent monétaire', ancêtre du Sme   _____

13 Deuxième élargissement: entrée de la Grèce dans la CEE   _____

14 Ratification de l'Acte Unique européen   _____

15 Troisième élargissement: entrée de l'Espagne et du Portugal
dans la CEE   _____

16 L'ECU devient une devise   _____

17 Les Français disent 'oui' par référendum au Traité de Maastricht   _____

18 Signature du Traité de Maastricht par les Douze   _____

19 Unification de l'Allemagne, d'où un élargissement, par le biais, de l'Europe   _____

20 Dissolution du CAEM (Comecon)   _____

21 Les Danois disent 'non' par référendum au Traité de Maastricht   _____

2 Trouvez des exemples de projets de coopération dans le cadre d'un programme soutenu par la Commission européenne, comme par exemple COMETT, RACE, ESPRIT. Quels sont les objectifs de ces projets? Quelles organisations y ont participé (entreprises, universités, collectivités locales etc.)?

3 Qu'est-ce qu'un 'eurocadre'? Cherchez dans des magazines d'affaires francophones (l'*Entreprise*, l'*Expansion*, le *Nouvel Economiste*, ou autres) un ou deux exemples d'eurocadres et décrivez:

- sa formation;
- son poste et ses responsabilités;
- ses compétences;
- son style de vie.

4 Les PME et l'Europe. Choisissez une petite ou moyenne entreprise britannique qui vend ses produits en France ou dans un autre pays de la CE et ayez un entretien avec le responsable des ventes ou de marketing. Comment s'est-elle adaptée aux besoins de son marché outre-mer? Faites-en une évaluation en montrant ses forces et ses faiblesses.

5 Quels sont les avantages et les inconvénients pour les entreprises d'une monnaie unique européenne?

 6 Ecoutez l'interview avec Christian Zimmerman sur les entreprises françaises et l'Europe. Selon Monsieur Zimmermann, quelles seront les conséquences du grand marché européen sur les entreprises françaises et la formation des jeunes cadres?

B Texte de compréhension

LE COMTE NE S'EN LAISSERA PAS CONTER
1993: LA GRANDE BATAILLE DU GOUT

Feta, sangria, camembert ... ces produits qui enchantent le palais des Européens survivront-ils au marché unique?

En gros, côté papilles, vous avez deux Europe: celle du fade, au Nord, et celle de la subtilité gastronomique, au Sud. La première fabrique industriellement des comestibles aussi savoureux que les fromages de Hollande, ou les saucisses allemandes en boîtes, à base de soja. La seconde élabore pieusement de suaves vins de Bordeaux ou de délicats jambons de Parme. Or ces deux Europe vont être fusionnées en une seule (le fameux 'grand marché unique'), le premier janvier 1993. L'inimitable 'goût européen' y survivra-t-il ?

Rien n'est moins sûr, et les fabricants de produits d'appellation commencent à avoir peur de l'échéance: 'La libre circulation des marchandises va s'appliquer aussi aux matières premières', constate Jean-Jacques Bret, du Comité interprofessionnel du Gruyère de Comté. 'Alors, qui empêchera, par exemple, les Danois, de fabriquer du "comté", au besoin en important du lait jurassien?' Déjà, les Etats-Unis sont envahis par de la feta 'grecque'... fabriquée précisément au Danemark. Les producteurs grecs auront d'autant plus de mal à faire reconnaître leurs droits sur ce fromage qu'ils s'y sont pris trop tard. En prime, le mot 'feta' est d'origine turque, ce qui n'arrange rien...

Voilà pourquoi les autorités bruxelloises sont submergées, dossiers à l'appui, d'innombrables demandes de protections de préparations culinaires (charcuteries, liqueurs, fromages, confitures, etc). Compte tenu de leurs vertus spécifiques, ces produits, déjà protégés dans leurs pays respectifs, estiment mériter une appellation contrôlée au niveau européen. A l'exception des grands vins, français en tête – qui ont obtenu depuis longtemps la reconnaissance universelle de leur spécificité – on part quasiment de zéro. 'L'idée même d'appellation contrôlée est une notion particulière aux Latins, aux pays de droit écrit', note Jean-Jacques Bret. 'Il n'est pas toujours facile de la faire admettre aux technocrates de Bruxelles.' De fait, hormis les vins, très peu de produits gastronomiques (tous d'Europe Latine bien sûr) bénéficient aujourd'hui d'une protection de portée internationale, avalisée à Bruxelles. Exemples, qui forment une liste presque exhaustive – une trentaine de fromages, le pineau des Charentes, les jambons italiens de Parme et San Daniele, un jambon espagnol comme l'huile d'olive de Baema, la noix 'de Grenoble', et quelques miels. Point final.

Le combat juridique est toujours ardu. La preuve: même la sangria – spécialité ibérique s'il en est – n'a pas pu obtenir une protection complète. A condition d'en indiquer le pays de confection, tout le monde, en Europe, a le droit de fabriquer de la sangria. Maigre consolation pour les Espagnols et Portugais: eux seuls peuvent fabriquer de la sangria tout court, sans une mention infamante du genre 'made in Netherlands' ou 'made in Germany'. Pour éviter que leur produit connaisse un sort aussi humiliant, les professionnels du 'gruyère de Comté' mènent depuis quelques années un combat exemplaire. Sur quatre fronts.

1. La qualité: le 'process' (le procédé de fabrication) est soumis à un cahier des charges quasiment maniaque (cuves de cuivre, respect de toutes les traditions attestées jusque dans des manuscrits du XIIe siècle, affinage d'au moins trois mois). Des contrôles tatillons et inopinés interviennent dans les fruitières. L'ensilage est interdit: l'hiver, les vaches laitières doivent être nourries avec du vrai bon vieux foin sec et odorant, non pas avec une 'choucroute' d'herbes conservées artificiellement à l'état humide.

2. La spécificité: l'université de Besançon mène des travaux très pointus, pour apporter la preuve qu'un lien existe entre la saveur du comté et la flore des prairies du Jura. D'autre part, le Comité interprofessionnel a gagné, à Bruxelles, une dure bataille face au géant danois Boll. Cette firme, spécialisée dans la vente de ferments lactiques, entendait imposer, au nom de l'hygiène, l'emploi de ferments sélectionnés et lyophilisés, produits en laboratoire. Mais les Jurassiens ont conservé le droit de procéder selon la tradition. D'ensemencer leurs laits avec les souches de ferments et de levures 'sauvages ' de la région – qui apparaissent

parfois spontanément dans les laiteries où règne une hygiène pas très chirurgicale.

3. La mise en évidence 'scientifique' des goûts et arômes propres au comté, avec la collaboration des équipes de Jacques Puisais, le 'pape' du goût, qui organise des séances de dégustation.

4. La technologie: avec l'aide de l'INRA et de l'ANVAR, on a mis au point divers matériels améliorant la productivité fromagère – notamment de spectaculaires robots, effectuant aussi bien, voire mieux que l'homme, le fastidieux travail de frottage quotidien, au gros sel, des meules en cours d'affinage.

Bref, le comté ne s'en laissera pas conter. Avec un pareil arsenal de mesures volontaristes il espère que les fonctionnaires bruxellois feront la différence – par rapport aux 'fromages-marketing' qui dépensent en pub ce que les Jurassiens investissent sur la qualité. Reste qu'un tel fromage est forcément plus coûteux. Et que, comme dit Jean-Jacques Bret, 'le consommateur ne paiera la différence que s'il la perçoit'. Il s'agit en somme d'un pari sur le goût des Européens.

Fabien Gruhier, *Le nouvel observateur*, no. 1384 du 16 au 22 Mai, 1991.

côté papilles	according to our taste buds
fade	bland, plain
échéance (f)	deadline
dossiers à l'appui	files in hand
quasiment	virtually
Pineau (m) **des Charentes**	a fortified wine from the Charentes area
ardu	tough, arduous
infamant	shameful
cuve (f)	vat
affinage	maturing period
tatillon	pernickety
inopiné – contrôles inopinés	spot checks
pointu	specific
lyophilisé	dehydrated
ensemencer	to add to
souche (f)	culture
INRA	Institut National de la Recherche Agronomique
ANVAR	Agence Nationale de la Valorisation de la Recherche
frottage (m)	beating
conter – il ne s'en laissera pas conter	it won't be easy to deceive
ensilage (m)	storage of hay in silos

Questions sur le texte

1 Quel facteur distingue le Nord du Sud de l'Europe?

2 A quelles difficultés les fabricants grecs de feta se sont-ils heurtés?

3 Quelle sorte de 'protection' exigent les fabricants de produits alimentaires et pourquoi?

4 A quoi sert l'"appellation contrôlée'?

5 Quelle protection les Espagnols et les Portugais ont-ils pu obtenir pour la sangria?

6 Quels contrôles interviennent sur la qualité du comté?

7 Pourquoi la firme danoise Boll était-elle contre l'usage de ferments 'sauvages' dans le lait?

8 Sur quel projet l'université de Besançon travaille-t-elle?

9 Quelle serait la signification d'un résultat positif de cette étude pour les fabricants jurassiens de comté?

10 Selon l'auteur, qu'est-ce qui fait la différence entre le cantal du Jura et celui d'autres pays?

👥 Activités

1 Seuls les fromagers du Jura devraient avoir le droit de fabriquer du comté. Qu'en pensez-vous?

2 La France et le défi du marché européen. Quelle est la notoriété des entreprises et des marques françaises en Grande-Bretagne par rapport à leurs concurrents européens? Faites un sondage auprès de vos camarades de classe pour obtenir les informations suivantes:

(i) Les pays fabriquant avec des exemples de grandes marques de différents produits dans les secteurs suivants: alimentaire, électroménager, habillement, sports/loisirs.
(ii) La réputation des fabricants, et par conséquent des pays européens, pour la qualité, le prix, l'image de leurs produits.

Présentez les résultats du sondage en utilisant la technique 'mapping' comme suit:

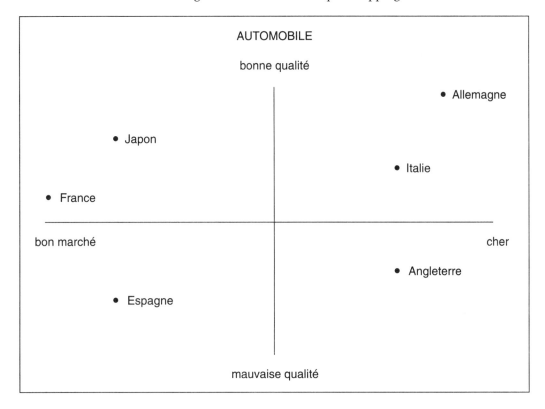

3 **Simulation:** une grande entreprise d'habillement américaine cherche à s'implanter en Europe. Le Pdg de l'entreprise s'est fixé pour objectif à long terme de conquérir tous les marchés européens. Dans l'immédiat, il lui faut un siège social en Europe pour coordonner les équipes de vente et les études de marché qui auront lieu sur l'ensemble du territoire de la CE et, éventuellement, dans les pays de l'Europe de l'Est. Il hésite entre quatre capitales: Londres, Paris, Bruxelles et Berlin.

La classe se divise en 4 groupes, chacun ayant pour tâche de représenter l'une des villes. Chaque groupe prépare et présente un dossier sur la ville de son choix de façon à persuader le Pdg, dont le rôle peut être joué par le professeur, que c'est sa ville qui doit être le futur siège européen de son entreprise. Votre tâche est donc d'essayer de trouver les arguments les plus convaincants qui feront pencher la balance en faveur de votre ville.

C Grammar

The expressions *Il est* and *C'est*

Il est/elle est

(i) *Il est/elle est* can be used to describe particular things or individuals. It can be found **before** an adjective or an adverb.

Ta publicité sur l'intelligence artificielle, elle est géniale.
(Your advert on artificial intelligence is brilliant.)

Ta lettre, elle est mal tapée.
(Your letter is badly typed.)

Qu'est-ce qu'il/elle fait dans la vie? Il/elle est ingénieur, Pdg, ministre.
(He/she is an engineer, a manager, a minister, etc.)

Cet emballage, il est en carton.
(This packaging is made of cardboard.)

Mon chef de service? Il est jeune, sympathique, compétent.
(My head of department is young, friendly and efficient.)

(ii) *Il est* is used in the written language in impersonal expressions.

De nos jours, il est indispensable de savoir se servir d'un ordinateur.
(Nowadays, it is essential to know how to use a computer.)

C'est/ce sont

(i) *C'est/ce sont* is used to describe people or things in general. It can appear **before** an adjective, a noun or an infinitive.

La publicité, c'est cher.
(Advertising is expensive.) (Compare with the first example.)

S'exprimer clairement, c'est difficile.
(Expressing oneself clearly is difficult.)

Ce qui compte, c'est la productivité.
(It's productivity that's important.)

Ce qu'il faut faire, c'est s'adapter à la nouvelle technologie.
(One has to adapt to new technology.)

Tu aimes le cinéma? Oui, c'est passionnant.
(Do you like going to the cinema? Yes, it's terrific.)

(ii) *C'est* is used in the spoken language to express the same idea.

De nos jours, c'est indispensable de savoir se servir d'un ordinateur.

(iii) *C'est* is used in reply to the questions:
- *qui est-ce?*
- *qu'est-ce que c'est?*
- *c'est...?*

Le nouveau, qui est-ce? C'est Raoul Béranger. Il remplace Madame Léotard.
(Who's the new man? It's Raoul Béranger. He is replacing Mrs. Léotard.)

Cette bande vidéo qu'est-ce que c'est? C'est une publicité sur le produit que nous venons de lancer.
(What's this videocassette? It's an advert for the product we have just launched.)

C'est loin d'ici? Non, c'est tout près.
(Is it far from here? No, it's very near.)

(iv) *C'est* or *ce sont* is found **before:**

- *Un (une, des), le (la, les), mon (ma, mes), ce, cet (cette, ces).* (*See also* examples on pp. 76.)

  Mon chef de service? c'est un homme jeune, sympathique, compétent.
  (My head of department is a friendly and efficient young man.) (Compare with the example on p. 76, *Il est/elle est*, section (i).)

  Ce sont des touristes américains.
  (They are American tourists.)

  C'est la nouvelle réglementation.
  (It is the new regulation.)

  C'est mon problème.
  (It's my problem.)

  C'est cette rumeur de fusion ... voilà pourquoi il est inquiet.
  (It's this rumour about the merger ... that's why he is worried.)

- **A pronoun:**

  Mme Rouet, la carte visa que j'ai trouvée dans mon bureau ... . Mais oui, c'est la mienne. Je croyais l'avoir perdue.
  (Oh yes. It's mine. I thought I had lost it.)

  Dites-moi, le dossier sur la diversification, c'est celui-ci?
  (Tell me, is this the file on the diversification project?)

- **A superlative:**

  Alors, ça, c'est la meilleure! Il me faut faire un autre stage sur le nouveau tableur.
  (Well, that's the limit. I've got to go on another course on the new spreadsheet.)

(v) *C'est* or *ce sont* are used for **identification.**

  Qui est chargé de faire un exposé sur le parc nucléaire en France? C'est Madame Pernaud.
  (Who is in charge of making a presentation on nuclear power stations in France? Mrs. Pernaud.)

  Qui est à l'appareil? C'est Monsieur Dermos de la société Technocan.
  (Who is speaking? It's Mr. Dermos, from Technocan.) (See also examples in (iii).)

(vi) *C'est* or *ce sont* is used for **emphasis.**

  C'est Bruxelles qui sera peut-être la capitale de l'Europe.
  (Brussels is likely to be the capital of Europe.)

C'est une OPA dont tout le monde parle.
(It's a take-over bid that everybody's talking about.)

En l'absence de Monsieur Moirou, c'est moi qui décide.
(During Mr. Moirou's absence, I am the one who makes the decisions.)

(vii) Use of *si...c'est* to express:

● **A cause:**

S'il y a tellement de sociétés qui font faillite, c'est à cause de la conjoncture.
(If so many firms go bankrupt, it is because of the economy.)

● **An aim:**

Si les entreprises exigent davantage de leur personnel, c'est pour améliorer la compétitivité.
(If firms demand more effort from their staff, it is to improve competitiveness.)

Exercises

Notice the difference between a general and a specific statement when using *c'est/il est*. Fill in the gaps accordingly.

1 La publicité, _____ cher. Peut-être, mais la mienne,_____ bon marché.

2 Les questionnaires,_____ compliqué. Peut-être, mais le mien, _____ tout simple.

3 La voiture, _____ encombrant, difficile à garer en ville et polluant. Peut-être, mais la mienne, _____ toute petite, facile à garer, guère polluante avec son pot catalytique.

4 Les cigarettes, _____ nocif pour la santé. Peut-être, mais les miennes,_____légères et elles ont une faible teneur en goudron.

5 Le vin bon marché,_____ mauvais pour l'estomac. Peut-être, mais le mien,_____ d'excellente qualité, pas très cher. _____ un bon investissement.

6 Les films,_____ tout un art. Peut-être, mais le film que je viens de voir,_____ loin d'être artistique.

7 Les ordinateurs,_____ la poisse pour les employés plus âgés. Peut-être, mais _____ indispensables à toute entreprise moderne.

8 Autoriser l'élargissement de l'Europe, _____ loin d'être pour tout de suite. Peut-être, mais _____ quand-même considéré dans un proche avenir pour certains pays.

9 Utiliser l'écu,_____ pratique pour ceux qui voyagent en Europe. Peut-être, mais la monnaie nationale, _____ tout aussi pratique pour ceux qui préfèrent visiter leur propre pays ou aller dans des endroits exotiques.

10 La construction d'un axe ferroviaire express transeuropéen, _____ pas pour demain. Peut-être, mais _____ prévue malgré ses coûts élevés.

🔊 Structural exercises

A Listen to the recording. Respond to the questions as in the examples below using *il est/elle est/c'est* where appropriate.

Il vient des Etats-Unis?
Oui, il est américain.
Est elle, qui est-ce?
C'est une Américaine qui voyage avec lui.

A vous maintenant

1 Il vient du Japon?
Et elle, qui est-ce?

2 Il vient d'Italie?
Et elle, qui est-ce?

3 Il vient d'Allemagne?
Et elle, qui est-ce?

4 Il vient de Russie?
Et elle, qui est-ce?

5 Il vient de Grèce?
Et elle, qui est-ce?

B You disagree with the speaker. State your view, as in the example below.

Il est étonnant que les Danois aient voté non au traité de Maastricht.
A mon avis, ce n'est pas si étonnant que cela.

A vous maintenant

1 Il est indispensable que nous ayons des filiales en Allemagne.

2 Il est absurde que les gens se méfient de l'union monétaire en Europe.

3 Il est curieux que les sentiments nationaux soient si forts.

4 Il est impensable qu'on n'arrive pas à se mettre d'accord sur une politique de défense en Europe.

5 Il est dommage que le ministre pense démissionner après un non au référendum.

C You show your astonishment at the speaker's ignorance. Respond in the same way as the example.

Gérard Depardieu, qui est-ce?
Mais voyons, c'est un acteur français!

A vous maintenant

1 L'AELE, qu'est-ce que c'est?

2 La PAC, qu'est-ce que c'est?

3 Margaret Thatcher, qui est-ce?

4 Bruxelles, qu'est-ce que c'est?

5 La Bundesbank, qu'est-ce que c'est?

6 Jacques Delors, qui est-ce?

7 Les NPI, qu'est-ce que c'est?

8 La TVA, qu'est-ce que c'est?

9 Le G7, qu'est-ce que c'est?

10 Les Beatles, qui est-ce?

Written exercise

Complete the text below replacing each number in brackets with 'c'est' or 'il est', as appropriate.

L'UEM

(1) parce que la monnaie est un des signes d'indépendance nationale qu'(2) l'une des pierres d'achoppement du débat sur Maastricht. En outre, (3) l'existence d'une banque centrale européenne (BCE) prévue au plus tard en 1999 qui fait craindre la disparition des banques centrales nationales dans l'esprit des gens. Or, ce qui va changer (4) que ces banques centrales nationales deviendront indépendantes de leur gouvernement respectif. Toutefois, (5) à remarquer des différences d'habitudes nationales d'un pays membre à l'autre. En effet, (6) l'autonomie par rapport au gouvernement qui s'installera à la banque de France, par exemple. Pour le moment, (7) sous la dépendance du ministre de l'économie et des finances qui lui impose sa politique économique. Par contre, (8) l'indépendance de décision qui règne à la Bundesbank allemande de façon à préserver la stabilité des prix. Ce qui préoccupe l'Allemagne, (9) les tensions inflationnistes dues à la réunification. Par les relèvements successifs des taux d'intérêts, qui se répercutent sur les autres pays membres, (10) une politique rigoureuse qui a été menée et qui est jugée excessive par les partenaires de l'Allemagne.

Quant à la banque de France, (11) une révolution qu'elle devra accomplir si elle veut prendre ses distances par rapport au ministre des finances puis accepter l'autonomie de la BCE.

(12) les ravages causés par l'inflation, génératrices de plans d'austérité, donc de chômage, qui ont poussé les Douze à vouloir installer un pouvoir monétaire indépendant. Pour certains, cette indépendance du pouvoir monétaire du reste de la politique économique, (13) une perte de souveraineté nationale.

Quant à la monnaie unique qui se substituerait à la longue aux monnaies nationales, (14) dénoncée comme étant trop rigide. (15) finalement cette disparition du franc français, du mark, etc dans le long terme qui est le plus ressentie comme une perte d'identité.

D *Business language skills*

La correspondance commerciale

Le premier contact avec une entreprise – un prospect, un fournisseur, un employeur – a souvent lieu par écrit. La lettre commerciale est donc une façon de présenter votre entreprise, votre gamme de produits ou de services, et surtout vous-même. Tout comme pour la présentation orale, vous devez faire attention aux détails et la préparer avec soin.

On peut remarquer deux aspects significatifs de toute correspondance écrite en français: la **structure** et les **formules**. Considérez la lettre ci-dessous:

Université de Reims
Champagne-Ardenne

Institut Universitaire de Technologie
Département **G**estion des **E**ntreprises et des **A**dministrations

Rue des Crayéres[1]
Chemin des Rouliers
B.P. 257
51059 REIMS Cedex
Tél. 26.05.30.46
Télécopie: 26.05.30.75
Minitel: 26.05.30.55

RC/mp[3]

REIMS, le 03 octobre 1991[5]

Monsieur le Professeur J. SEGUIN[2]
Université de Strasbourg
Faculté des Sciences Economiques

Monsieur le Professeur et cher ami,[6]

Objet - Cours d'Economie Politique[4]

Je vous confirme la possibilité d'organiser des enseignements dans le cadre de mon cours Politique Générale de l'entreprise.[7]

Ces cours prendront place les 16 et 17 décembre 1991. Ils se dérouleront comme l'an dernier en première et en deuxième année.

Sur le plan matériel, vous pourrez disposer dans les amphithéâtres des moyens audio-visuels classiques. Merci de me signaler ceux dont vous pouvez avoir besoin afin de les faire mettre en place par nos techniciens.

L'I.U.T. est equipé d'un service de reprographie qui pourra préparer les documents polycopiés nécessaires. Pour la bonne marche du service, il convient que les originaux nous parviennent une semaine avant le déroule-ment des cours.[8]

C'est avec plaisir que je vous accueillerai à nouveau dans le cadre de notre programme d'enseignement européen.[9]

Dans cette attente, je vous prie d'agréer, cher ami, l'expression de mes sentiments les meilleurs.[10]

Robert Charles[11]
Directeur

P.J.[12]

Clé

[1] En-tête. Si vous n'utilisez pas de papier préimprimé, mettez votre nom en haut, à gauche.

[2] Destinataire (nom et adresse) en haut, à droite.

[3] Références – en principe, initiales de la person-ne qui a dicté la lettre et de celles qui l'a tapée.

[4] Objet (pas toujours mentionné).

[5] Date.

[6] Formule d'appel.

[7] Formule d'introduction.

[8] Développement.

[9] Conclusion.

[10] Formule de politesse.

[11] Signature (précédée ou suivie du titre du signataire). Il peut y avoir la mention P.P.= par procuration.

[12] P.J. = Pièce(s) jointe(s) (Si l'on adjoint un/des docu-ments. En indiquer le nombre et la nature.)

Formules

Formules d'introduction

Formules d'appel (reprises dans la formule de politesse).	Formules de politesse (reprennent toujours la formule d'appel; leur ton est adapté au ton général de la lettre).
(i) *Vous vous adressez à une personne déterminée:* Monsieur, Madame, (à employer plutôt que Mademoiselle en cas de doute) Mademoiselle,	(a) *Vous voulez indiquer la considération:* ● Je vous prie d'agréer, Monsieur, (Madame/ Mademoiselle), l'expression de ma haute considération. ● Je vous prie de croire, Monsieur, (Madame/ Mademoiselle), à ma considération. (b) *Vous voulez indiquer la déférence:* ● Je vous prie d'agréer, Monsieur, (Madame/ Mademoiselle), l'expression de mon profond respect. (c) *Lettre adressée à un client, un fournisseur...* ● Veuillez agréer, Monsieur, (Madame/ Mademoiselle), l'expression de mes sentiments dévoués/de mes sentiments respectueux. ● Recevez, Monsieur, ... l'assurance de mes sentiments dévoués.
(ii) *Vous ne vous adressez pas à quelqu'un de particulier:* Messieurs,	● Nous vous prions de croire, Messieurs, à l'assurance de notre considération. ● Recevez, Messieurs, l'assurance de nos sentiments distingués. ● Veuillez agréer, Messieurs, ...
(iii) *Vous connaissez la personne. Vous avez déjà eu des relations d'affaires avec elle:* Cher Monsieur, Chère Madame, Chère Mademoiselle, (NB: Ne mettez pas le nom de la personne en question.)	● Je vous prie de croire, chère Madame, à l'expression de ma haute considération... ● Croyez, cher Monsieur, à mon respectueux souvenir.
(iv) *Avec la mention du titre de la fonction:* Monsieur le Directeur, Monsieur le Président-Directeur-Général, Madame la Présidente, Maître, (avocat)...	● Je vous prie d'agréer, Madame la Présidente, l'expression de mon profond respect... ● Je vous prie d'agréer, Monsieur le Directeur, l'assurance de ma haute considération.

Accusé de réception

- Nous avons bien reçu votre courrier du 10 septembre courant et nous vous en remercions.
- Nous accusons réception de votre lettre du 16 décembre nous confirmant votre commande de ...
- Nous vous remercions de votre lettre du 21 mars courant nous demandant de vous faire parvenir un prospectus sur ...

Non réponse

Non réponse à une lettre de relance, de réclamation, de prospection:

- Nous vous avons écrit le 17 juillet dernier et nous sommes étonnés de voir que notre lettre est restée sans réponse.

Réponses

- En réponse à votre lettre du 8 juin dernier, nous vous faisons parvenir ci-joint une documentation sur ...
- Nous nous excusons de répondre si tard à votre lettre du 15 janvier 19..., mais nous étions en train d'installer de nouveaux ordinateurs. Nous nous empressons de...
- Votre lettre du 3 février ne nous est parvenue que trois semaines plus tard, après être passée par Rotterdam. Nous nous hâtons d'y répondre ...

Formules de développement

- Nous vous serions obligés de ...
- Nous vous serions reconnaissants de ...
- Nous aimerions vous rencontrer lors de votre prochain passage à Montpellier ...
- Au cas où votre règlement ne nous parviendrait pas d'ici la fin du mois, nous nous verrions contraints de ...
- Nous ne voudrions pas briser des relations de longue date et nous vous serions obligés de nous envoyer les articles commandés dans les plus brefs délais ...
- Nous n'avons toujours pas reçu confirmation de ...

Formules de conclusion et de politesse

- Dans l'attente de votre réponse, je vous prie d'agréer, Monsieur, l'expression de mes sentiments dévoués.
- Nous espérons que vous pourrez donner suite à notre projet et vous prions d'agréer, chère Madame, l'expression de nos salutations les meilleures.
- Dans l'espoir d'une réponse rapide de votre part, nous vous prions d'agréer ...
- Nous vous remercions de votre prompte réponse. Dans l'espoir que nous parviendrons à un accord dès que possible, nous vous prions de croire, ...

Les références

Si vous répondez à une société qui a écrit à la vôtre, dans ce cas vous mettez:

- Vos références: celles qui figurent sur la lettre reçue.
- Nos références: vos propres références.

Activités

A Répondez aux annonces suivantes émises de Grande-Bretagne:

Opportunités d'affaires

De Grande-Bretagne	De Grande-Bretagne
MF/ 0897	MF/ 0899
Proposons services de traduction et d'interprétariat français-anglais/ anglais-français. Traductions écrites techniques. Traductions simultanées lors de conférences.	Société britannique cherche à louer 350 m^2 de bureaux bien situés dans trois villes françaises: Montpellier, Toulouse, Aix-en-Provence. Facilités de parking et accès par transports en commun indispensables.
MF/ 0898	MF/ 0900
Société implantée dans le Royaume-Uni (Yorkshire) recherche des distributeurs à l'échelon national en Belgique, en France et en Suisse française pour des pièces et accessoires automobiles. Matériel de haute qualité à des prix compétitifs.	Société britannique recherche agent specialisé dans la distribution de logiciels aux applications très pointues dans le monde de la finance (banques, Bourse, assurances...). Ont fait leur preuve dans le Royaume-Uni. Voulons les répandre en France.

Contact: Jean-Claude Maillon

Tel: (071) 584 7269

B Rédigez les lettres suivantes:

(i) Retard de livraison

Vous envoyez une lettre à un fournisseur qui ne vous a pas envoyé la marchandise commandée à temps, ce qui a provoqué une perte des ventes. Vous ne voulez pas gâcher des relations de longue date. Attention au ton de la lettre! Vous acceptez de recevoir quand même la marchandise sous deux conditions: qu'elle soit envoyée le plus rapidement possible; qu'on vous consente un rabais.

(ii) Réclamation

Il y a eu erreur de livraison. Vous avez reçu des articles que vous n'avez pas commandés. Vous écrivez au fournisseur pour lui signaler que vous lui renvoyez la livraison erronée à ses frais et que vous devez absolument recevoir votre propre commande dans les plus brefs délais. Le ton de la lettre est sec. Vous menacez de vous adresser ailleurs si vous n'obtenez pas satisfaction.

(iii) Relance

Vous avez livré des articles à un client qui se fait tirer l'oreille pour le règlement. Vous lui envoyez une première lettre de relance sur un ton poli mais ferme pour obtenir ce qu'il vous doit.

(iv) Rupture de stocks

A cause d'une panne d'ordinateurs, vous vous apercevez, assez tard, que vous êtes en rupture de stocks. Vous envoyez une lettre d'excuse à votre client. Le ton de la lettre est obséquieux. Vous ne voulez pas perdre votre client.

(v) Augmentation de vos prix

Vous êtes le fabricant. Le prix de la matière première a augmenté, ainsi que celui de la main-d'oeuvre. Cela se répercute évidemment sur le prix de la marchandise. Vous envoyez une lettre à vos distributeurs pour leur signifier l'augmentation de vos prix (donnez les détails) et les raisons de cette augmentation.

Unit 6

LES TRANSPORTS

A Texte d'introduction

La naissance des grandes villes est due dans une large mesure à la facilité d'accès donc au développement des moyens de transport. Ainsi, les ports de Londres, Cadix, Marseille, Gènes ont connu leur essor économique à l'âge d'or du transport maritime. De nos jours, les grandes métropoles des pays les plus industrialisés – Los Angeles, où il se consomme autant d'essence que dans la France entière[1], Birmingham – doivent leur expansion à la généralisation de l'automobile.

Le développement économique et la richesse personnelle qui en découle ont engendré une soif d'indépendance et l'envie de se déplacer. D'où la croissance spectaculaire du nombre de véhicules motorisés depuis la deuxième guerre mondiale. En effet, celui-ci est passé de 2 millions en 1950 à 28 millions en 1990. Mais cet accroissement a eu des effets pervers: les encombrements, les accidents de la route et la pollution de l'air. Confrontés aux problèmes d'une circulation routière de plus en plus dense et à une sensibilisation de la population à ses conséquences néfastes sur l'environnement, les pouvoirs publics, en France comme dans les autres pays développés, ont accordé une place primordiale à leur politique des transports.

L'infrastructure routière et ferroviaire en France

Les réseaux routiers et ferroviaires sont très centralisés. Il suffit de voir la place de l'Etoile à Paris avec ses grands axes radiaux qui y convergent pour s'en convaincre. Cette organisation 'en étoile' à partir de la capitale est aussi celle du réseau autoroutier en France. L'autoroute de l'ouest (1941), puis celles du sud (1960) et du nord (1965) ont été les premières réalisations d'un ensemble d'autoroutes qui compte aujourd'hui plus de 7 000 km. Quant au réseau routier français avec son 1,5 million de km de chaussées, il est le plus dense du monde. Il en est de même du réseau ferroviaire. 'L'étoile de Legrand' renvoie à une loi du 11 juin 1842 sur la création de neuf grandes lignes de chemin de fer reliant Paris aux frontières et aux côtes de la Manche, de l'Atlantique et de la Méditerranée. Les lignes du TGV (Train à Grande Vitesse) suivent également cette structure, et relient Paris aux autres grandes agglomérations telles que Lyon, Marseille et Toulouse. L'ouverture du tunnel sous la Manche sera accompagnée d'un service TGV entre Paris et Londres. En outre, d'autres liaisons internationales entre la France et le reste de l'Europe, notamment l'Espagne, la Belgique et l'Allemagne, assurées par le TGV, feront de la France (et de Paris), un pôle ferroviaire et une grande puissance économique.

---

[1] *Science et avenir*, mars 1992.

Il va sans dire que la métropole Parisienne constitue également le centre d'un réseau de transport aérien national et international, avec ses aéroports d'Orly et de Roissy-Charles de Gaulle. A l'exception de quelques grandes destinations (Lyon, Strasbourg, Marseille), les vols nationaux partant des trente aéroports de province atterrissent à Paris.

Les transports urbains

A l'heure actuelle, les villes disposent de nombreux modes de transport urbains.

L'automobile est le choix préféré de millions de résidents des grandes villes, qu'ils se déplacent pour leurs loisirs ou pour leur travail. Le développement d'une infrastructure routière urbaine a donc dominé la planification des villes en France depuis les années 50. Néanmoins, l'insuffisance de l'infrastructure routière due à l'augmentation significative du parc automobile, ainsi que les nuisances qui sont associées à l'utilisation de celle-ci (le bruit, la pollution) ont poussé les collectivités locales à investir dans les transports en commun: le métro, l'autobus et le tramway.

Longtemps le privilège des Parisiens, le métro s'est avéré une solution efficace au problème des transports urbains pour les villes de plus d'un million d'habitants. C'est ainsi que des lignes de métro ont été construites à Marseille, à Lyon, puis plus récemment, à Lille, avec le VAL[2], informatisé et sans conducteur.

Dans les cités de taille moyenne l'autobus demeure le moyen de communication le plus répandu. Il consomme moins d'espace que la voiture, bien qu'il utilise les mêmes voies et qu'il soit donc sujet aux mêmes embouteillages que celle-ci aux heures de pointe.

Certaines villes pour lesquelles le métro représentait un investissement trop lourd avec le percement de tunnels, mais qui ont voulu mettre en place un système de transport collectif pratique et rapide ont opté pour une solution intermédiaire: le tramway, remis à l'ordre du jour. C'est le cas de Grenoble, de Nantes et bientôt de Strasbourg. Celui-ci emprunte des couloirs réservés, ce qui évite les embouteillages.

Par ailleurs, les villes universitaires (Montpellier, Aix en-Provence), ont favorisé l'utilisation du vélo avec l'aménagement de pistes cyclables. Mais ce mode de transport ne se développe guère en France, surtout par rapport aux Pays-Bas, et à l'Allemagne où les gens de tout âge et de toute classe sociale se servent de la bicyclette pour se rendre en ville.

[2] VAL: nom du métro de Lille.

L'industrie du transport

Pays le plus grand d'Europe avec une superficie de 551.695 km^2, la France a dû développer non seulement une infrastructure, mais aussi une industrie du transport où elle apparaît comme le leader européen.

Dans une industrie marquée par une forte concentration, deux constructeurs français figurent parmi les six premiers fabricants automobiles qui ont 75 pour cent de part du marché européen. Renault, le plus petit des deux a été nationalisé en 1945. Le groupe privé PSA Peugeot-Citroën, qui a connu une remarquable expansion dans les années 80 avec sa 205 et sa 405, est aujourd'hui bien placé pour mettre en question le leadership de Volkswagen et de Fiat. De plus, Renault et PSA dominent le marché des véhicules commerciaux légers (fourgonnettes) en Europe. Renault est également en position de force dans le secteur des poids lourds.

Le chemin de fer est en stagnation depuis 1983, d'une part à cause d'une régression du transport des marchandises par rail, d'autre part à cause de l'utilisation accrue de la voiture individuelle.

Toutefois, la France a été le premier pays européen à développer un train à grande vitesse et elle commence aujourd'hui à bénéficier de cet investissement grâce au succès de son TGV. Plus rapide et posant moins de problèmes sur les rails que ses concurrents mondiaux, il est le symbole de la réussite technologique de l'industrie française du transport. Dans le réseau européen de transport à grande vitesse qui se réalisera dans les années 90, le TGV assume un rôle de pionnier.

Le transport aérien est en pleine croissance dans le monde développé depuis 1980. Cette industrie est dominée depuis longtemps par les grandes entreprises américaines telles que Boeing et McDonnell Douglas. Avant 1980, aucune entreprise française ni britannique n'était de taille suffisante pour investir dans ce marché très coûteux. Aujourd'hui, grâce à une coopération technologique et financière entre les grandes entreprises européennes: Aérospatiale en France, MBB et Dormier en Allemagne, British Aerospace en Grande-Bretagne, Casa en Espagne, Fokker aux Pays-Bas et Sonaca en Belgique, l'Europe a pu développer une gamme de jets commerciaux (Airbus) susceptibles de concurrencer les Américains. C'est donc en tant que partenaire d'un véritable projet européen que la France s'assure une place importante dans une industrie dont l'avenir est très prometteur.

L'avenir du transport

Face aux problèmes de circulation de pollution et de sécurité routière, l'avenir de la voiture privée en tant que moyen de transport urbain est de moins en moins certain. Les dirigeants eux-mêmes de l'industrie automobile en sont conscients. 'Il faudra bien un jour que la ville se débarrasse de l'automobile,' a dit M. Raymond Lévy, PDG de la Régie Renault, lors d'un symposium sur l'environnement à Paris en 1990.[3] Que faire donc pour décourager les automobilistes de rouler en ville? Alors qu'en Italie, toute circulation est interdite dans les centres historiques des grandes villes, les pays Scandinaves préfèrent le péage urbain. Par contre les villes allemandes ont privilégié les transports en commun. En France, ce sont Rennes, Nantes et Bordeaux qui lancent des projets de réhabilitation de la rue en faveur du piéton et du cycliste. Toutefois, la substitution de la voiture comme moyen d'accès au centre ville par les transports collectifs ne reçoit pas partout un accueil favorable du public. Ainsi, en 1991, un projet d'utilisation d'un tramway à Brest a été refusé à la suite d'un référendum local qui s'est avéré négatif. De même, à Reims, la perte d'espace routier qu'aurait occasionnée la mise en circulation d'un tramway s'est avérée inacceptable aux yeux des Rémois.

[3] Cité par Raoul Parentis dans *Futuribles International*, 'Reva, une solution à la circulation urbaine?'

Pour les trajets de plus de 300km le train présente de nombreux avantages – rapidité, sécurité, faible pollution, économie d'énergie – qui pourraient favoriser son développement. Le TGV Paris–Lyon a déjà remplacé en grande partie l'usage de l'avion. Il en est de même pour les villes du Midi telles Avignon, Marseille et Montpellier. Le développement du TGV Atlantique assurera bientôt un déplacement du centre de Paris à celui de Bordeaux plus rapide qu'en avion.

Malgré les inconvénients cités plus haut, la voiture, avec la liberté qu'elle présente, la possibilité de se rendre d'un point précis à un autre, en particulier dans des endroits qui sont mal ou pas desservis par les transports en commun, demeure le choix de nombreux Français qui partent en famille pour couvrir de longues distances.

Et même si le gouvernement prend des mesures destinées à favoriser les transport en commun, il n'en demeure pas moins que l'industrie automobile est florissante et fournit du travail à plus de 2 millions de personnes. Entre les usagers qui veulent un système de transport public efficace, une industrie qui dépend d'un transport des marchandises économique et les effets des moyens de transport conjugués sur l'environnement, le gouvernement français a un énorme défi à relever avec sa politique des transports dans le courant des années 90.

Références

Merlin, Pierre *Les Transports Urbains*, Collection 'Que sais-je?', PUF, (1992).
Wolkowitsch, Maurice *Géographie des Transports*, Armand Colin, (1992).
Parentis, Raoul 'Reva, une solution à la circulation urbaine?' *Futuribles International*.

Activités de recherche

1 Choisissez deux ou trois grandes villes européennes et comparez leur système de transports publics en utilisant les points de repère suivants:

(i)   Les moyens de transport mis en service (autobus, métro, tramway etc.).
(ii) Procurez-vous les plans de métro des villes qui en ont un et comparez les méthodes de tarification (unitaire, selon la distance parcourue, selon les zones etc.).
(iii) Les innovations technologiques.
(iv) L'information et la publicité destinées à l'utilisateur sur les différents services proposés.

2 Faites une étude de la publicité sur l'automobile en France. Si vous avez accès à des magazines français, à la radio ou à la télévision française, trouvez des annonces ou des spots publicitaires pour les marques françaises (Renault, Peugeot etc.) et comparez-les à ceux de leurs concurrents européens et japonais. Y a-t-il des différences culturelles?

3 Dressez une liste des innovations techniques ou conceptuelles dans le secteur des transports susceptibles d'être développées d'ici l'an 2 000. Quelles sont celles qui vous paraissent les plus crédibles et pourquoi?

4 Indiquez les dates du développement des moyens de transport dont les grandes étapes figurent ci-après.

	Date
i) Première bicyclette (vélocipède)	
ii) Invention du pneumatique	
iii) Première automobile (de Dion et Bouton)	
iv) Premier omnibus à Paris	
v) Tramway à traction mécanique	
vi) Première ligne d'autobus à essence (Montparnasse – St Germain des Prés)	
vii) Installation du métro à Paris	
viii) Mise en service du train à grande vitesse (TGV)	
ix) Mise en service du métro sans conducteur (VAL) à Lille	
x) Le TGV atteint un nouveau record de vitesse de 515,3 km/h	
xi) Inauguration de la première autoroute en France (l'autoroute de l'ouest)	
xii) La 'jamais contente', véhicule électrique, franchit la barre des 100 km/h	
xiii) Le nombre de véhicules immatriculés en France dépasse 17 millions	

B *Texte de compréhension*

LE TRAMWAY EN DEMONSTRATION

L'inauguration, mardi 30 juin, d'une ligne entre la Courneuve et Bobigny doit permettre d'évaluer l'efficacité de ce moyen de transport.

Il a fière allure, le tramway. Rame en livrée grise, formes sobres, peu bruyant sur ses rails insérés dans un pavage de granit breton, stations aux couleurs pimpantes, la ligne Saint-Denis-Bobigny contribue à améliorer le paysage de cette zone, à forte densité urbaine.

Le centre historique de Saint-Denis autour de la basilique, la ZAC[1] de la Convention à La Courneuve, l'entrée dans Bobigny ont été réaménagés afin de placer les voies. La RN 186, empruntée par la ligne sur plus de la moitié du parcours, a également profité de ce lifting qui a fait disparaître les accotements boueux, sur lesquels des camions trouvaient de trop faciles stationnements, et qui a reconquis une partie des friches industrielles qui la jalonnaient. Le tronçon La

Courneuve-Saint-Denis, en voie d'achèvement, doit être mis en service en décembre.

Ce que les spécialistes appellent 'l'effet structurant' de l'opération n'est pas la seule raison qui

[1] ZAC: 'zone d'aménagement concertée'

a poussé le conseil général de Seine-Saint-Denis à lutter pendant dix ans pour sa réalisation. Une implication qui s'est traduite par la participation exceptionnelle du département à son financement tant au niveau des travaux d'infrastructure qu'à celui des aménagements complémentaires où sa participation s'établit à 150 millions de francs.

La liaison entre les deux grands pôles de Seine-Saint-Denis est inscrite depuis 1980 dans le projet de schéma régional de transports en commun en site propre, établi par les techniciens de l'Institut d'aménagement et d'urbanisme pour la région Ile-de-France (IAURIF). Elle relie Saint-Denis, les zones d'habitation de La Courneuve et de Drancy au centre administratif et au pôle de développement de Bobigny; 73 000 personnes, 35 000 emplois sont directement concernés. Les techniciens de l'IAURIF prévoient alors une saturation des axes routiers au nord de Paris et préconisent la création d'un transport en commun fiable. Bien que cela ne fasse pas partie des compétences que viennent de lui attribuer les lois de décentralisation, le conseil général de Seine-Saint-Denis prend rapidement parti pour le tramway.

Son président, M. Georges Valbon (PC), maire de Bobigny, estime aujourd'hui que les arguments avancés à cette époque sont toujours valables: 'Le tramway apporte une solution globale. Il permet une rénovation de l'axe Saint-Denis-Bobigny et attire les usagers en raison de son confort et de sa régularité. Sa présence favorise la relance de l'activité industrielle. Enfin, c'est le mode de transport dont l'exploitation est la plus économique, la consommation d'énergie est faible et il pollue peu.'

Lié depuis 1982 par une convention à la RATP, le conseil général apporte par son choix un appui déterminant à ceux des techniciens de la régie qui soutiennent la solution tramway pour les transports en site propre. Le syndicat des transports parisiens entérine cette option en 1984. M. Claude Quin est alors président de la RATP et M. Charles Fiterman, ministre des transports.

La présence de ces deux adhérents du Parti communiste explique peut-être les réserves de M. Jacques Douffiagues, ministre des transports pendant la période de cohabitation. Il fait d'ailleurs étudier en 1986 une solution de remplacement par des transporteurs privés.

Avant d'inscrire le projet dans le contrat de plan Etat-région de 1984, l'exécutif du conseil régional d'Ile-de-France s'était montré également assez sceptique devant les arguments des techniciens et des

élus du conseil général de Seine-Saint-Denis. Aujourd'hui encore des fonctionnaires de la région laissent entendre que le tramway est 'un moyen de transport archaïque, et qu'il ne se justifie pas en Ile-de-France'. On juge son coût (plus de 1 milliard de francs, si on compte le matériel roulant) trop élevé par rapport à sa vitesse d'exploitation (19km/h) et à sa capacité (2 150 voyageurs à l'heure).

A ces critiques s'ajoutaient celles d'une partie des riverains, commerçants ou non, qui voyaient d'un mauvais oeil l'intrusion des rames devant leurs fenêtres. Les exemples de Grenoble et de Nantes ont donné au conseil général et à la RATP la possibilité d'organiser sur place des voyages pour illustrer leurs arguments. Une campagne d'information des riverains a été organisée par la RATP comprenant la permanence d'un 'Monsieur Tram' sur le site, des réunions d'informations, l'édition de brochures et d'un journal *Amstramgram*, comprenant un encart de promotion gratuite pour les commerçants locaux.

A quelques jours de l'inauguration, certains manifestent encore une vive opposition. C'est le cas de M. Eric Raoult (RPR), député de Seine-Saint-Denis: 'L'emprise des lignes va considérablement perturber la circulation automobile, déjà très difficile dans le secteur. Peu de personnes vont se reporter sur le tramway en raison du gain de temps limité qu'il procure.' Les partisans du projet répondent qu'une grande partie du trafic automobile va se déplacer vers L'A-86, en voie d'achèvement. Ils ajoutent, en s'appuyant sur les bilans de Grenoble et de Nantes, que le tramway exerce un pouvoir d'attraction suffisamment important pour qu'une partie des personnes qui utilisent aujourd'hui leur voiture se tournent vers ce transport collectif. L'effort tout particulier qui a été fait pour l'accessibilité des personnes à mobilité réduite va d'ailleurs dans ce sens.

Mais, avant que la totalité des 9 kilomètres de la ligne soit mise en service, la polémique rebondit entre ceux qui demandent la prolongation de la ligne vers Gennevilliers et Bondy, et d'autres qui contestent au tramway l'efficacité nécessaire pour être étendu aux autres rocades indispensables dans le maillage en transports collectifs de l'Ile-de-France. Le Tram Val-de-Seine, qui devrait relier en 1996 la Défense à Issy-Plaine en empruntant une ancienne ligne SNCF, fait beaucoup plus l'unanimité chez les élus et à la RATP. Et la région défend avec encore plus de conviction son réseau Orbitale qui ferait circuler, en souterrain cette fois, un petit métro automatique.

Christophe de Chenay, *Le Monde*, dimanche 28, lundi 29 juin 1992.

rame (f)	(here) tram carriages
livrée (f)	livery, distinctive colour scheme
pavage (m)	paved surface
pimpantes	bright and stylish
la RN 186	a 'Route Nationale', a trunk road
les accotements boueux	muddy verges
friche (f)	wasteland
jalonner	to line the route
tronçon (m)	section (of a road under construction)
axes routiers	trunk roads, arterial routes
préconiser	to favour
appui (m)	support
entériner	to approve, ratify
riverains (m)	lit. 'those who live by the river'; those who live in the immediate area
se reporter sur	(here) to change to
polémique (f)	controversy
rocade (f)	link
maillage (m)	network
faire l'unanimité	to be unanimously approved

Questions sur le texte

1 Quel est l'effet du tramway sur l'environnement de Saint-Denis-Bobigny?

2 Comment la route nationale a-t-elle profité du réaménagement de la ville?

3 Pourquoi les techniciens de l'IAURIF sont-ils pour la création d'un transport en commun?

4 Résumez, en utilisant vos propres mots, les arguments donnés par le maire de Bobigny en faveur du tramway.

5 Expliquez l'attitude de M. Douffiagues envers le projet tramway. Quelle était la signification de son rôle de ministre des transports pendant la période de cohabitation?

6 Quels sont les inconvénients du tramway avancés par le conseil régional de l'Ile-de-France?

7 Comment la RATP a-t-elle réagi aux critiques du projet?

8 Dans quelle mesure Grenoble et Nantes ont-elles été utilisées en tant qu'outil publicitaire pour le tramway?

9 Quel public/quel type d'utilisateur sera particulièrement favorisé par le tramway?

10 Pourquoi, selon vous, le tram Val-de-Seine a-t-il plus le soutien des élus que le tramway Saint-Denis-Bobigny?

Activités

1 Quels sont, selon vous, les meilleurs moyens de réduire les embouteillages dans les grands centres métropolitains?

2 **Réunion-débat:** Un tramway pour Neuville-St Jean. Les problèmes de circulation routière s'aggravent à Neuville-St Jean, une ville de 100 000 habitants. Les routes qui desservent le centre ville – un centre historique – sont saturées; il manque également des parkings.

La solution proposée par la région est la construction d'un tramway qui relierait la banlieue au centre ville, empruntant surtout les routes existantes. Avant de prendre une décision, le conseil général a organisé une réunion entre les représentants des habitants du centre ville, les commerçants et les responsables des transports en commun de la région. La classe se divise en quatre groupes:

Groupe 1: Vous représentez les responsables des transports en commun. Vous êtes *pour* le tramway, que vous considérez indispensable à une circulation efficace en centre ville.

Groupe 2: Vous représentez les commerçants. Vous êtes *contre* le tramway qui, selon vous, perturberait de façon significative la circulation automobile. Vous avez donc peur de perdre vos clients motorisés au profit des commerces installés en banlieue.

Groupe 3: Vous représentez les habitants du centre ville. Vous êtes surtout concernés par la sécurité routière, le bruit et la pollution en centre ville. Vous pensez néanmoins que le tramway ne pourrait pas être installé sans la mise en place d'installations anti-bruit et éventuellement de tronçons souterrains comme à Bruxelles par exemple.

Groupe 4: Vous représentez les élus locaux et vous soulevez le problème du financement d'un tel projet.

3 Faites une liste des critères d'achat selon lesquels on achète une voiture. Interrogez vos camarades de classe et déterminez s'il y a une voiture-type préférée par les étudiants.

4 **Thèmes de discussion:** 'La voiture de fonction est une prime indispensable pour recruter des jeunes cadres de qualité.'

C *Grammar*

The past tenses

> The imperfect tense – l'imparfait
>
> The perfect tense – le passé composé
>
> The past historic – le passé simple

Look carefully at this sentence from the *texte de compréhension*:

'La RN 186 ... a également profité de ce lifting qui a fait disparaître les accotements boueux sur lesquels les camions trouvaient de trop faciles stationnements, et qui a reconquis une partie des friches qui la jalonnaient.'

Although it describes events which all took place in the past, different tenses are used.
In this example, the perfect (*a profité, a fait disparaître, a reconquis*) describe a completed action in the past with implications in the present. The imperfect (*trouvaient, jalonnaient*) express actions which were habitual.

The imperfect tense

The imperfect tense is used in French:

(i) To express a continuous process in the past (somebody *was doing* something).

Il pleuvait à torrents alors que je conduisais.
(It was pelting down while I was driving.)

Le TGV faisait sa vitesse de pointe lorsqu'on a déclenché la sonnette d'alarme.
(The TGV was running at maximum speed when the alarm went off.)

(ii) To express an idea that was true in the past, but is no longer true today, corresponding to the expression 'used to do' or 'used to be' in English.

Dans le temps, je prenais le train de banlieue Nord pour me rendre au travail. Maintenant, j'hésite à cause de la dégradation de la sécurité.
(In the past, I used to take the surburban train to the north to go to work. Now I hesitate because of the increased security risk.)

Il y a quelques années, les banlieusards allaient à Paris en voiture. Maintenant, avec le développement du RER, ils utilisent plutôt les transports en commun.
(A few years ago, commuters used to drive to Paris. Today, with the expansion of the RER lines, they prefer to travel by public transport.)

(iii) To say what people or things were like in the past.

Elle était mince et élégante. (She was slim and elegant.)

(iv) To describe a state or condition.

Le ciel était couvert de nuages.
(The sky was covered with clouds.)

Les spectateurs étaient trempés jusqu'aux os.
(The spectators were soaked to the skin.)

(v) To give a person's (or object's) age in the past.

Il avait vingt-deux ans. (He was 22 years old.)

(vi) With expressions of time.

Il était dix heures. (It was ten o'clock.)

(vii) After verbs like *penser, croire, savoir, être, désirer, vouloir, regretter* in expressions such as:

Je (ne) pensais (pas) que …
Je (ne) croyais (pas) que …
Je (ne) savais (pas) que etc ….

Je savais bien qu'il était urgent de trouver une solution au problème de la congestion du centre ville.
(I knew it was urgent to find a solution to the problem of road congestion in the town centre.)

(viii) After *si + on* or *nous*, to express a desire, to suggest something.

> Il ne pleut plus; si on en profitait pour faire une balade?
> (It has stopped raining; what would you say if we went for a ride?)

(ix) After *si* when a conditional is used in the main clause (*see* Unit 10).

> Si les gens conduisaient moins vite, il y aurait moins d'accidents.
> (If people drove more slowly there would be fewer accidents.)

The perfect tense

The perfect tense is used in French:

(i) To describe a completed action in the past.

> On a inauguré la ligne de TGV Paris-Lyon en 1981.
> (The Paris-Lyon TGV was inaugurated in 1981.)

(ii) To express a repeated action in the past, the duration of which was limited.

> Ce mois-là, j'ai dû prendre l'autobus tous les jours.
> (That month I had to take the bus every day.)

(iii) After expressions such as *tout à coup*, *soudain*.

> Soudain, il s'est mis en colère et il est parti en claquant la porte.
> (Suddenly he became angry and left slamming the door.)

(iv) To express an action which occurred at some point in the past (often after *quand, lorsque, au moment où*), during another action/event.

> Elle était très jeune lorsqu'elle a eu son accident de voiture qui l'a laissée paralysée.
> (She was very young when she had the car accident which left her paralysed.)

> La reprise économique ne s'amorçait toujours pas quand les élections ont eu lieu.
> (The economic recovery had not yet begun when the elections took place.)

NB. While we use the perfect tense in English to describe actions that started in the past and continue into the present, in French, we use the present tense.

> Mes clients sont très fidèles cette année.
> (My customers have been very loyal this year.)

The same condition applies to other expressions of time in French (*see* Unit 7).

The past historic

The past historic is seldom used in written French except in formal letters to diplomats, Ministers etc. and in formal literary fiction and has now largely been replaced by the perfect. It is rarely used in business correspondence.

Formation of the perfect tense (*le passé composé*)

Remember that we use *être* in the following situations:

(i)   With reflexive verbs: e.g. *se laver, se réveiller, se dépêcher, se raser*. A reflexive pronoun (*me, te, se, nous, vous, se*) accompanies the verb. The past participle agrees with the subject unless a direct object **follows** the verb. It agrees with the direct object if the direct object **precedes** the verb.

   Elle s'est assise à côté du conducteur.
   Ils se sont dépêchés pour arriver à l'heure.
   Sandrine s'est fracturé la cheville en faisant du ski.
   Sa cheville? Elle se l'est fracturée en faisant du ski.

(ii)   With some verbs of motion or state:

   aller/venir   retourner
   entrer/sortir   rester
   arriver/partir   tomber
   monter/descendre   passer (when it means to go past/by/through)
   naître/mourir

   The past participle of these verbs will always agree with the subject.

   Le train est parti en retard.

   Il n'est pas né de la dernière pluie.

   Madame Portier est allée chercher notre visiteur à Roissy.

   En prenant l'avion, elle est tombée par hasard sur un ancien collègue.

When *passer* has a direct object and means to spend, it is used with *avoir*.

   J'ai passé une excellente soirée.

When *monter* and *descendre* have a direct object, they are used with avoir.

   Je suis descendue dans le Midi en voiture; *but* – j'ai descendu l'escalier quatre à quatre.

In all other situations, we use *avoir*. Here, the past participle only agrees when there is a direct object placed **before** the verb.

   Je n'ai pas encore conduit ma nouvelle voiture.

   Ma nouvelle voiture? Je ne l'ai pas encore conduite.

   Nous avons eu de la chance. Il restait encore quelques places.

   Elle a dû se dépêcher pour ne pas rater son avion.

   Alors, cette lettre? Vous ne me l'avez toujours pas faite?

Exercises

A Lettre à un ami: mettez les verbes qui figurent entre parenthèse au temps du passé (passé composé/imparfait) requis.

```
Mon cher Jean,

 Je te réponds de Séville où je fais, comme prévu, un court
séjour d'une semaine.
 J'(être étonnée) de recevoir ta carte d'Algérie. Après ce
qui est (arriver) je (croire) que ta boîte ne t'y enverrait
pas, du moins pas tout de suite. Ta famille (devoir) pas mal
s'inquiéter. Ta présence (être) - elle vraiment indispensable?
 Ici, la vie (ne guère changer). Beaucoup de touristes;
beaucoup de constructions modernes qui contrastent avec la
vieille ville.
 Hier, c'(être) intenable. 45˚! Une vraie fournaise. Pour-
tant, tu me connais, jusqu'à présent je ne (jamais se plaindre)
de la chaleur. Je ne (penser) pas qu'il puisse faire si chaud
à cette époque-là de l'année.
 J'espère que les négociations pour lesquelles tu (se rendre)
en Algérie (se bien passer) malgré les événements. Tu me
raconteras ça à ton retour.

Amitiés


Sylvie
```

B France-Inter, une station de radio française, vous a envoyé(e) sur place pour faire un reportage en direct d'un accident survenu sur l'autoroute du soleil. Celui-ci a eu lieu au petit matin, en plein brouillard et il a fait plusieurs morts et de nombreux blessés graves. Vous vous présentez, décrivez la scène sur le vif, les circonstances de l'accident, l'arrivée de la police et des premiers secours.

Utilisez le temps correct (l'imparfait ou le passé composé) en parlant de ce qui s'est passé.

Voici les notes que le/la journaliste a utilisées pour son reportage:

autoroute du soleil   direction   Lyon   accident circulation   grave   tôles tordues
verre brisé   sang partout   cris   gémissements   gens ahuris   bilan: 11 morts
dizaines blessés graves   6h du matin   brouillard à couper au couteau
camions et voitures   vive allure   camion de tête   déraper et se mettre en travers
autres véhicules suivre de près   se rentrer dedans   carambolage monstre
scène d'épouvante   police se rendre sur lieux   dégager circulation
permettre premiers secours arriver

🎝 Structural exercises

A Point out the exception to the statements, as in the example below:

Généralement, ils se réunissent tous les lundis.
Oui, mais ils ne se sont pas réunis lundi dernier.

A vous maintenant

1 Monsieur Blériot part régulièrement dans sa maison de campagne chaque week-end.
2 Les commerciaux suivent des stages de formation tous les semestres.
3 La Société Laglache nous livre habituellement tous les mois.
4 En principe, notre grossiste reçoit les commandes dans son entrepôt toutes les semaines.
5 Normalement, la maison Rouiller nous expédie la marchandise par route tous les trimestres.

B You express your surprise at something which ought to have been accomplished.

Je vais passer la commande par Minitel.
Comment? Vous ne l'avez pas encore passée?

A vous maintenant

1 Demain, il va réserver les places en TGV.
2 Tout à l'heure, je vais choisir mon itinéraire pour éviter le blocage des autoroutes.
3 En fin d'après-midi, elle va envoyer ses valises en bagages accompagnés.
4 Le chef de service doit terminer son rapport.
5 Dès que j'aurai le temps, je vais renvoyer la marchandise avariée.
6 Madame Mercier, je m'occupe de prévenir Monsieur Clarence de mon absence.
7 Ce week-end, j'irai au supermarché Cora qui est ouvert pas loin de chez moi.
8 Monsieur Tronchaux part ce soir en déplacement pour une semaine.
9 Demain, nous allons voir le film qui a été primé àCannes.
10 Samedi, le fils Richaut va au salon de l'automobile.

C You suggest to the speaker doing something that, according to him, you usually do not do.

On ne part jamais en voiture à l'étranger. (en Italie)
Et si on partait en voiture en Italie?

A vous maintenant

1 Nous ne prenons jamais le TGV pour descendre sur la côte. (à Nice)
2 Nous n'avons pas encore essayé le tramway. (demain)
3 On ne traverse jamais la Manche en aéroglisseur. (l'été prochain)
4 Nous ne voyageons jamais en Concorde pour aller à New York. (à Noël)
5 Nous ne montons jamais en téléphérique. (pour aller à la Bastide)

D   Answer the speaker's questions, comparing this year with last year, in the same way as the examples. Choose the correct tense according to the two examples that you are about to hear.

Cette année, les affaires marchent mal ou bien?
Elles marchent mal; mais l'an dernier elles marchaient bien.

Cette année, la conférence annuelle a lieu en Ecosse ou en Angleterre?
Elle a lieu en Ecosse; mais l'an dernier, elle a eu lieu en Angleterre.

A vous maintenant

1 Cette année, les décisions se prennent à la majorité ou à l'unanimité?

2 Cette année, le congrès se tient en anglais ou en français?

3 Cette année, le pouvoir d'achat diminue ou se maintient?

4 Cette année, les pourparlers se déroulent à Londres ou à Paris?

Written exercises

Translate the following sentences into English.

1 Les marchandises ont été expédiées hier, mais avec le blocage des routes, elles risquent de mettre longtemps avant de vous parvenir.

2 D'après une enquête réalisée en 1990 auprès de milliers de PDG européens, le respect des délais de livraison est désormais prioritaire. Avant, c'était une meilleure compétitivité des transports.

3 Sernam a su s'adapter au marché du fret express. La plupart de ses cinq centres ont été mécanisés.

4 Le C.A. de l'industrie aéronautique et spatiale française a dépassé les 100 milliards de francs en 1990. Ce secteur est l'une des branches industrielles qui s'est développée le plus rapidement.

5 L'Aérospatiale a conclu deux accords internationaux en 1990: l'un avec l'anglais British Aerospace, l'autre avec l'allemand Messerschmitt.

6 A cause de la diminution des marchés la situation de l'industrie ferroviaire s'est dégradée. En 1990, ses principaux marchés extérieurs étaient l'Europe de l'Ouest (plus de la moitié du total), l'Afrique du Nord et l'Asie. Quant à la construction navale, elle est en fort déclin. Ces dernières années ont vu la fermeture de plusieurs grands chantiers. Et en 1991, l'industrie navale française ne comptait plus que 6 600 salariés par rapport à 22 000 en 1986.

7 Le parc automobile français s'est multiplié par quatre en trente ans. Après un frein de la construction des autoroutes dont la longueur dépassait 7 000 km en janvier 1991, on assiste à une relance de leur construction, malgré leur effet sur l'environnement.

8 Jusqu'à présent, les pouvoirs publics en France, comme dans la CEE, ont favorisé les transports routiers en maintenant leurs coûts nettement en-dessous de leurs coûts réels. Actuellement, les 3/4 des échanges européens passent par la route, avec des camions allant jusqu'à 40 tonnes. Responsables en grande partie des émissions polluantes, ils ont été mis à l'index par des pays tels que la Suisse.

D *Business language skills*

La pratique de la présentation orale

Dans le monde des affaires comme dans le monde estudiantin, on a souvent besoin de présenter ses idées oralement. Si le contenu, le style et la longueur de la présentation varient selon l'auditoire, certains principes restent les mêmes.

Une bonne présentation orale:

- a une structure claire et facile à suivre;
- est adapté à son auditoire;
- est illustrée d'exemples et soutenue par des supports visuels;
- est naturelle et donne l'impression que le présentateur connaît bien son sujet;
- suscite l'intérêt du public qui vous posera des questions sur certains détails ou sur des points que vous n'aurez peut-être pas abordés.

Une préparation minutieuse est donc indispensable à un exposé.

Avant l'exposé

1 Préparez un dossier sur le sujet à présenter de façon à avoir confiance en vous lorsque vous ferez face à votre public.

2 Sélectionnez, en fonction de l'auditoire, les éléments susceptibles de mieux les intéresser. Il s'agit donc d'éliminer et de trier l'information.

3 Ecrivez une introduction qui accroche votre auditoire. Expliquez pourquoi vous avez choisi le sujet et la façon dont vous allez traiter le thème.

4 Classez vos arguments dans l'ordre où vous voulez les présenter. Enoncez une idée à la fois. Faites-en une analyse en donnant des arguments et contre-arguments, le tout, soutenu par des exemples.

5 Rédigez une conclusion. Celle-ci récapitule l'essentiel et indique ce que l'exposé voulait apporter.

6 Les supports écrits: résumez vos notes sur des fiches cartonnées et uniquement au recto. Soulignez au feutre fluorescent les idées-maîtresses, les mots clés, les titres, les sous-titres. Ecrivez en grosses lettres.

   S'il vous est difficile de faire un résumé, rédigez un texte intégral, et soulignez les passages importants. Rédigez entièrement votre introduction et votre conclusion sur des fiches séparées. N'oubliez pas que vous devez communiquer avec votre public. Ne lisez en aucun cas votre texte mot à mot. Regardez votre auditoire le plus souvent possible.

7 Les supports visuels: utilisez un rétroprojecteur si vous en avez un à votre disposition. Le nombre de transparents dépend du temps qui vous est imparti. Pour une présentation d'une dizaine de minutes, deux suffisent. Ceux-ci ont le même usage pour votre auditoire que les passages soulignés au feutre fluorescent de vos fiches cartonnées pour vous-même. Ils servent de rappel à l'idée présentée. N'y mettez donc que les titres, les sous-titres, les mots clés, les définitions (si vous en avez). Si vous souhaitez fournir une information plus détaillée, distribuez des photocopies d'un texte que vous aurez rédigé.

Employez, si besoin est, un très court passage d'une bande vidéo ou audio pour illustrer un point précis de votre argumentation.

8 Entraînez-vous. Comme pour toute compétence linguistique, la présentation orale s'apprend par la pratique. Faites donc un premier essai devant des amis pour être sûr de dominer votre sujet, de connaître les transitions et la manipulation de vos supports écrits et visuels, et finalement, de respecter le temps qu'il vous est donné.

Pendant la présentation

Vous devez vous imposer, convaincre, utiliser les ressources de la parole, graduer. La voix est donc un élément important de votre présentation. Sachez l'employer en articulant bien, en variant le ton, en soulignant le plan, les articulations, en marquant des pauses. Projetez votre voix vers l'auditoire et évitez de parler dans votre barbe. Ne tournez jamais le dos au public, ne serait-ce que pour indiquer un détail figurant sur l'écran.

Bref, montrez que vous êtes à l'aise.

La présentation en équipe

Avant l'exposé

1 Une préparation minutieuse est également indispensable. La seule différence, est le partage des tâches et la cohérence de l'ensemble.
2 Choisissez un chef de groupe qui répartira le travail de recherche entre les différents membres de l'équipe et assurera la cohérence de l'exposé.

Pendant l'exposé

1 Lors de l'introduction, le chef de groupe présentera les divers intervenants, annoncera à quel moment ils parleront et quelle partie du sujet ils traiteront.
2 L'alternance des intervenants se fera de façon naturelle et sera à chaque fois annoncée par le présentateur précédent.
3 Le chef de groupe assurera la conclusion.

Activités

 1 Ecoutez la bande de la présentation de Christine Tailleur sur le transport. Posez-vous les questions suivantes sur:

- **L'introduction:** comment est-elle exposée? Pour quelles raisons le sujet a-t-il été choisi? Comment le sujet est-il abordé?
- **La structure:** comment est-elle structurée? Pourrait-elle l'être différemment, et si oui, comment?
- **Le style:** quels sont les termes employés (simples, techniques, obscurs, savants ...)? L'orateur cherche-t-il à être pompeux, éloquent, convaincant? Quel est le public visé?
- **L'argumentation:** comment se présente-t-elle? Quelle technique est utilisée pour renforcer les arguments?
- **Les exemples:** où apparaissent-ils? Quel est leur rôle?
- **La voix:** quels sont les moyens vocaux employés pour empêcher la monotonie?

2 Divisez la classe en équipes de deux ou trois étudiants. Faites-leur faire une présentation orale sur:

(i) La voiture électrique, le moyen de locomotion urbain du futur?
(ii) Le transport des marchandises par train plutôt qu'en camion.

Filmez-la avec un camescope (si votre établissement en possède un), sinon, enregistrez-la sur bande.

Projetez/écoutez cette présentation et faites-en une analyse constructive, d'après les conseils proposés.

Unit 7

LA GRANDE DISTRIBUTION

A Texte d'introduction

On assiste depuis la deuxième moitié du XXème siècle en France à une modification des habitudes d'achat et des rapports entre les consommateurs et les commerçants. Plusieurs facteurs ont contribué à ces changements. On peut citer en particulier: l'urbanisation (le dépeuplement des campagnes au profit des villes); l'augmentation de la consommation grâce à une amélioration du niveau de vie; le parcours des distances permettant d'accéder aux supermarchés de la périphérie facilité par l'usage de la voiture; l'accélération du rythme du travail et le pourcentage accru de femmes cadres ayant moins de temps à consacrer aux courses; la généralisation des technologies avancées (automatisation, informatisation, transport des

103

marchandises périssables dans des compartiments réfrigérés); l'internationalisation croissante des achats avec pour conséquence une concurrence intensive. Il en résulte un phénomène de concentration, tant des entreprises productrices que distributrices. Ces dernières finissent par atteindre des tailles impressionnantes. Edouard Leclerc a donné, non sans peine, le coup d'envoi de la distribution moderne en 1949 avec son 'épicerie' en libre-service. Dépourvue du confort des magasins traditionnels et de l'accueil de vendeurs spécialisés, elle fournissait sa marchandise à des prix très concurrentiels. Il s'en est suivi une explosion de ce genre de vente et un déclin de l'épicier du coin où tout Français allait faire ses achats régulièrement, demandait des conseils sur tel ou tel produit et échangeait des propos sur le dernier né de la famille.

Qu'est-ce que la distribution?

Ce sont les structures et les moyens dont dispose le fabricant pour commercialiser ses produits sur le marché. Il choisit ses circuits de distribution en fonction du développement des ventes de ses articles et de la demande existante. Voici les différents circuits possibles:

Les circuits directs tels la VPC (*vente par correspondance*). Le producteur vend directement au client final qui choisit sur catalogue et passe ses commandes par courrier, par téléphone ou par Minitel. Ce système de distribution se voit de plus en plus dans les secteurs de l'habillement et de l'électroménager.

Les circuits indirects courts qui comportent un intermédiaire, à savoir un réseau de détaillants qui vendent au consommateur.

Les circuits indirects longs comprennent un intermédiaire de plus: le grossiste. Celui-ci sélectionne l'assortiment de la marchandise, en assure le stockage après l'avoir achetée en très grandes quantités de façon à obtenir d'importants rabais des fabricants, puis la revend aux détaillants. Si bien que se détachent les schémas suivants:

- circuit direct: producteur-consommateur;
- circuit indirect court: producteur-détaillant-consommateur;
- circuit indirect long: producteur-grossiste-détaillant-consommateur.

Tout comme le petit commerçant, le grossiste a subi le contrecoup du développement de la technologie, de la consommation de masse, du libre-service et des grandes surfaces, notamment dans le secteur alimentaire. C'est ainsi qu'a eu lieu entre 1960 et 1987 une baisse du nombre d'établissement de gros, en même temps que se multipliaient les concentrations et que s'effectuaient des rapprochements entre les deux fonctions de gros et de détail.

La structure du commerce

1 *Le commerce intégré* cumule les fonctions de grossiste et de détaillant. Il se compose d'établissements à politique commerciale homogène, parmi lesquels:

Les coopératives de consommateurs, fondées par les consommateurs au milieu du XIX ème siècle, sur le modèle anglais de Rochdale, dans le but de s'approvisionner eux-mêmes aux meilleurs coûts (l'enseigne *Point Coop*). Elles sont regroupées dans la FNCC (Fédération Nationale des Coopératives de Consommateurs).

Les magasins à succursales multiples, constitués à la même époque à Reims. D'abord spécialisés dans l'alimentaire, ils se sont diversifiés par la suite. C'est une chaîne de magasins qui vendent les produits spécialisés (par exemple, les chaussures: Raoul, André, Bally, l'habillement: Armand Thierry, Les 100 000 Chemises) d'une même société, ou bien des produits diversifiés. Ils ont un entrepôt centralisé, une gestion commune, mais une maîtrise des ventes individuelle.

Les grands magasins ont une surface de vente énorme et vendent au moins cinq catégories d'articles (en fait une grande variété) dans les rayons spécialisés notamment dans le non-alimentaire. D'abord implantés dans le centre ville, ils ont maintenant aussi des filiales en banlieue (comme par exemple le Printemps, les Galeries Lafayette).

Les magasins populaires ont été créés par les chaînes de grands magasins dans les années 30 sur le modèle de vente à prix unique inventé aux Etats-Unis. En principe, 50 pour cent de leur CA (Chiffre d'Affaires) est dans le non-alimentaire (Monoprix, Prisunic).

2 *Le commerce associé* est formé de partenaires juridiquement indépendants mais qui s'approvisionnent, livrent et stockent en commun pour réaliser des économies d'échelle. Les partenaires peuvent quitter une association et en joindre une autre si c'est leur intérêt. Il comporte:

- les coopératives de détaillants;
- les chaînes volontaires (créées par les grossistes);
- les groupements d'achats;
- les franchisés. Ce sont des détaillants qui ont un contrat commercial avec le franchiseur. Celui-ci les autorise à utiliser sa marque en échange d'une redevance. Ils gardent leur indépendance juridique mais ont une politique commerciale coordonnée (par exemple, Rodier, Benetton).

3 *Le commerce indépendant* est formé de détaillants dont les adhérents gardent leur indépendance. On les trouve dans l'alimentaire comme dans le non-alimentaire.

Evolution vers le gigantisme: la grande distribution à l'heure actuelle

Elle recouvre plusieurs types d'entreprises qui sont donc intégrées, associées ou indépendantes. Elles peuvent soit être anciennes et s'être développées en rachetant d'autres entreprises ou en agrandissant leur surface de vente; soit relativement récentes.

Dans le secteur des grands magasins et magasins populaires mentionnés plus haut, on distingue trois grands groupes: Au Printemps-Prisunic; Les Galeries Lafayette-Monoprix; Les Nouvelles Galeries-Le BHV-Prisunic.

Parmi les succursalistes et les grandes surfaces, on trouve:

1 Des groupes comme Promodès ou Casino qui ont conservé un réseau de petites unités tout en se lançant dans la voie des grandes surfaces, situées à la périphérie des villes.

2 Les indépendants (Leclerc, Intermarché) qui fournissent leur enseigne et leur service à des adhérents.

3 Les grandes surfaces (Carrefour, Auchan) créées en tant que telles à l'origine et qui n'ont cessé de prendre de l'extension. Les hypermarchés comportent une surface de vente d'au moins 2500 m^2, les supermarchés, entre 400 et 2500 m^2. Elles commencent à sentir les effets de la concurrence des *hard discounters* allemands (Aldi) où les marchandises entrent et sortent au moindre coût grâce, entre autres, à un confort de magasin inexistant.

Parmi les chaînes spécialisées dans certains domaines, on peut citer: la FNAC (librairie, disques, radio, tv, hi-fi), Darty (électroménager), Conforama (meubles), Castorama (bricolage), Decathlon (sports).

La VPC qui essaime maintenant partout dans l'Hexagone et où dominent La Redoute (sous le contrôle du Printemps) et Les Trois Suisses.

Les grandes enseignes du détail intègrent depuis plusieurs années les approvisionnements en adhérant à des centrales d'achat, voire des supercentrales d'achat (Arci, Di-fra, etc). Par leur taille et leur puissance, celles-ci réussissent à imposer des rabais énormes aux producteurs sous peine de déréférencer leurs produits (ne plus stocker leurs produits). C'est ainsi que les grandes surfaces parviennent à vendre à des conditions nettement meilleures que celles des petits commerçants.

La loi Royer

Sous la pression des petits commerçants organisés dans le Cid-Unafi dirigé par Gérard Nicoud, la loi d'orientation du commerce et de l'artisanat, appelée loi Royer, a été votée en 1973 pour limiter la prolifération des grandes surfaces. Depuis lors, il faut une autorisation préalable d'ouverture ou d'extension des grandes surfaces (commerce de détail), à partir de 1 000 m² de vente pour les communes de moins de 40 000 habitants; à partir de 1 500 m² pour celles de plus de 40 000 habitants. Or, les artisans et petits commerçants font partie à 50 pour cent des CDUC (Commissions Départementales d'Urbanisme Commercial) habilitées à octroyer ces autorisations. Dès sa parution, la loi Royer a provoqué une levée de boucliers. On lui reproche de n'avoir guère empêché l'implantation des grandes surfaces. Elle l'a tout au plus freinée. En effet, on comptait 2 334 supermarchés et 209 hypermarchés en 1972, avec 22 pour cent de part de marché dans l'alimentaire. En 1991 les supers et les hypers représentaient 29,2 pour cent du CA du commerce de détail avec un parc de 900 hypers.

Est-ce à dire que nous assistons à la disparition inexorable du petit commerce au profit exclusif des géants de la distribution?

Là encore il faut considérer les mutations que subit l'Hexagone, en particulier, l'évolution démographique. On remarque une tendance à la baisse de la natalité et un vieillissement de la population. Or, les plus de 60 ans supportent difficilement les attentes aux caisses des grandes surfaces et dans l'ensemble, préfèrent se rendre à pied au magasin de proximité dont la clientèle est évaluée à 15 millions de personnes.[1] Il existe donc un créneau porteur d'avenir pour ce type de commerce. A condition qu'il soit adapté à ce genre de consommateurs, à savoir qu'il procure un assortiment varié, un accueil chaleureux, des heures d'ouverture adéquates, on prévoit un arrêt de la chute du petit commerce. A l'heure actuelle, le CA des magasins de moins de 400 m² de superficie représente 6 pour cent du commerce de détail.[2]

Promodès, d'une part a saisi la balle au bond avec ses formules Codec en centre ville résidentiel, Shopi dans les banlieues, 8 à Huit en zone urbaine. Les Maghrébins d'autre part, ont fait une percée remarquable. Ils tiennent des magasins familiaux de 80 m² de surface, avec un assortiment énorme par rapport à leur taille. En outre, ils sont ouverts tous les jours, et de 7 h à 22 h en général. Ils s'approvisionnent dans les cash and carry pour obtenir de meilleures conditions d'achat.

Conclusion

Devant les protestations renouvelées des petits commerçants, les pouvoirs publics ont essayé de remodeler la loi Royer. Toutefois, ils ne peuvent guère endiguer la marée des grandes surfaces. En effet, celles-ci contribuent à lutter contre l'inflation grâce à leur politique de bas prix; de surcroît, la survie du commerce français dépend de son adaptation à l'internationalisation des marchés. Il semble bien que l'avenir se jouera sur les prix et que la clientèle se partagera entre celle des grandes surfaces, et celle des magasins de proximité, tous deux devant essayer d'obtenir de meilleurs rabais de la part de leurs fournisseurs. Les Maghrébins l'ont bien compris. Depuis avril 1992, ils se sont dotés d'une organisation, La Soframad, en mesure de faire ce genre de négociations.

Références

Torondeau, Jean-Claude et Xardel, Dominique *La Distribution*, Collection 'Que sais-je', PUF, (1985).
Kerrad, Michèle et Brochard, Marc *Grande Distribution Mode d'Emploi*, Chotard et Associés Editeurs, (1990).
Chirouze, Yves *La Distribution*, Chotard et Associés Editeurs, (1986/1990).
Arnaud, Rémy *La France en Chiffres*, Hatier, (1991/1992).
Chavanne, L. *Le phénomène Leclerc*, Plon, Paris, (1986).

[1] *LSA*, (*Libre Service Actualité*), 23 avril 1992.
[2] *Ibid.*

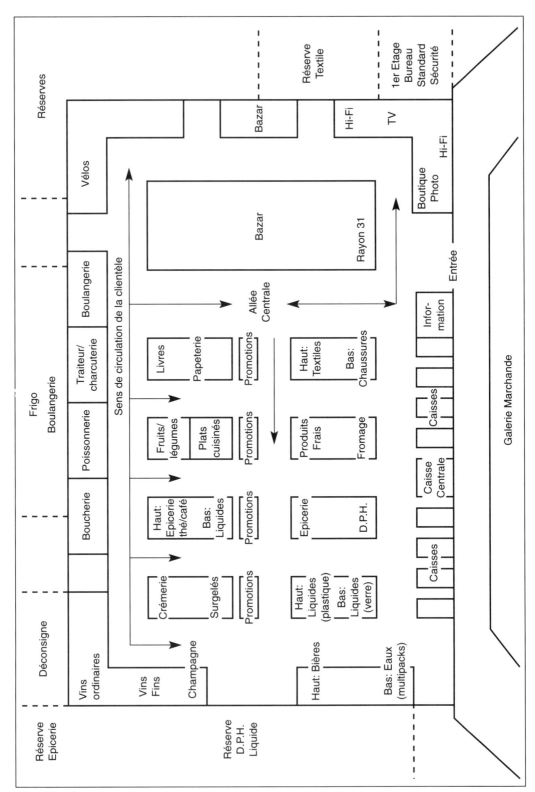

Plan d'un hypermarché

Activités de recherche

1 Observez le plan de l'hypermarché illustré à la page précédente. Commentez son organisation spatiale en réfléchissant en particulier à l'emplacement des produits suivants par rapport à la porte d'entrée, la hauteur sur les rayons, les caisses à la sortie:

- les boissons;
- les fromages et la charcuterie;
- le thé, le café;
- les fruits et légumes;
- les articles en promotion.

2 Faites l'historique du groupe Leclerc, en expliquant les raisons de sa réussite dans la grande distribution.

3 Quels sont les avantages et les inconvénients, et pour les clients et pour la société, de l'installation d'un hypermarché en banlieue?

4 Malgré l'ampleur de la grande distribution, l'épicerie du coin existe encore. Qu'est-ce qui explique sa survie?

5 La vente du pain a toujours généralement lieu dans les boulangeries. Pourquoi?

B *Texte de compréhension*

LE RENOUVEAU DU COMMERCE DE PROXIMITE

Depuis quelques années, on avait pris l'habitude de dire que le commerce de proximité était moribond, que les centres-villes deviendraient, à court terme, des déserts commerciaux comme aux Etats-Unis. Et que, par conséquent, les hypermarchés, écrasant tout sur leur passage, seraient les seuls gagnants de la compétition avec les supermarchés. En dehors de ces deux types de commerces et des boutiques des Maghrébins, point de salut pour les détaillants. Or, depuis cinq ans, on s'aperçoit que le paysage commercial se modifie profondément, se segmente en fonction de la demande des consommateurs, mais surtout se modernise partout. 'Il y a pas de fatalité dans le déclin du commerce de proximité', affirme Jean Halley, le directeur général chargé de ce secteur à Promodès. 'Pendant longtemps, c'est vrai, il a existé une grande inadéquation entre l'offre et la demande. Ce n'est plus le cas aujourd'hui. Une place importante est à prendre dans le commerce de proximité moderne. Et à Promodès, nous avons de grandes ambitions.'

Quand on regarde les chiffres, on constate que beaucoup reste à faire. En Europe, on ne compte plus que 65 magasins de détail pour 10 000 habitants. Contre 75 aux Etats-Unis, mais 116 au Japon (dont l'appareil commercial reste largement archaïque). La clientèle de proximité est évaluée, en France, à 15 millions de personnes au moins, mais le chiffre d'affaires réalisé par les magasins de moins de 400 m^2 reste important: 100 milliards de francs, soit 6 pour cent du commerce de détail. Si l'on y ajoute les petits supermarchés (moins de 800 m^2), les magasins populaires, les magasins

spécialisés, genre Picard Surgelés, et certaines formes de commercialisation comme la livraison à domicile du type Maxi-Mo, on dépasse les 10 pour cent. S'ils restent relativement stables depuis 1987, ces chiffres suscitent néanmoins la convoitise de nombreux opérateurs du secteur.

A commencer par les grossistes. Autrefois puissants et prospères, ils sont pris, depuis des années, dans une spirale de restructuration. Le premier d'entre eux, Promodès, a récemment souffert, en sacrifiant en partie son profit immédiat pour retrouver un niveau normal de compétitivité. Et pour devenir représentatif sur le territoire national. Le groupe normand a en effet beaucoup investi pour s'implanter dans d'autres régions que la sienne. Le second grand opérateur du secteur, la Fédération Disco, a en partie éclaté quand le Printemps a vendu son secteur intégré, Disco SA, à un nouveau venu dans ce domaine, la Financière Marland, qui cherchait à se faire une place au soleil. Plusieurs grossistes ont entre-temps mordu la poussière. Et non des moindres: Escoulan-Uta, Castinelli, Aldis, Valette Distribution. Pour différentes raisons: insuffisance de fonds propres, inadaptation, mauvaise gestion. En outre, la guerre du Golfe aura eu un effet ravageur. Même si cette explication a bon dos, il est certain que le ralentissement des affaires observé l'an dernier aura contribué à faire chuter les plus faibles. Devant cette évolution rapide, le commerce de proximité n'est pas resté inerte. On assiste depuis plusieurs années à une rénovation profonde des magasins: 'Nous constatons une grande évolution dans ce domaine', remarque François Malaterre, le délégué général de la Fédimas, organisation qui compte dans ses rangs plusieurs milliers de commerces de ce type. 'Une démarche nouvelle apparaît chez certains commerçants, qui cherchent à mieux adapter l'offre à certaines clientèles: célibataires ou couples âgés, par exemple. On voit ainsi émerger des conditionnements spécifiques à ce type de commerce. Il y a quelques années, on n'y pensait même pas. Nous arrivons à un moment charnière où la clientèle scinde ses achats entre les grandes surfaces et la proximité.'

Qu'ils soient installés en centre-ville ou en milieu rural, des efforts importants ont été consentis par les exploitants. En milieu urbain, on aura vu le renouveau d'une chaîne comme Monoprix, qui s'est attaquée tant au design des points de vente qu'aux assortiments (avec ses produits verts). Et aussi le repositionnement de Prisunic sur les créneaux comme l'enfant, la papeterie, la beauté et les produits frais. Dans les petites villes et les bourgs, le développement aura surtout été le fait des indépendants. Aidés par la volonté de quelques grossistes, qui ont franchisé les magasins leur appartenant. En créant des concepts duplicables très rapidement et comportant un véritable marketing du commerce de proximité certains succursalistes[1] comme Casino, ont maintenu et développé leur réseau en créant un maillage serré, dans leur région.

Jean-Claude Fauveau, *LSA* no. 1301, 23 avril 1992.

[1] Succursalisme: 'forme de commerce disposant d'un grand nombre de petits magasins' (Petit Larousse Illustré). Succursale: (*anglais*: branch) 'établissement commercial ou financier dépendant d'un autre bien que jouissant d'une certaine autonomie' (Petit Larousse Illustré).

---

moribond dying, at death's door
point de salut pour les détaillants ... no hope
  for retailers (beyond the aforementioned)
la convoitise (f) envy
archaïque outdated, antiquated
formes de commercialisation forms of retail
  distribution
se faire une place au soleil to find oneself a
  place in the sun
et non des moindres not the smallest
avoir bon dos to be a good excuse
un moment charnière a turning point
scinder to divide
des créneaux (m pl) market niches or sectors
bourg (m) small town
un maillage serré a close-knit network

Questions sur le texte

1 Quel était le pronostic pour le commerce de proximité depuis quelques années?

2 Quel type de distribution devrait dominer?

3 Comment Jean Halley, de Promodès a-t-il jugé la situation du commerce de proximité?

4 En ce qui concerne la structure de la distribution, quelle est la différence entre l'Europe et le Japon?

5 Quels types de magasins compte-on, outre les grandes surfaces?

6 Pourquoi Promodès a-t-il dû faire des sacrifices financiers?

7 Que sont les entreprises Escoulan-Uta, Gastureli, Aldis et Valette Distribution? Quels facteurs externes ont provoqué leur faillite?

8 Quels créneaux les nouveaux commerçants de proximité cherchent-ils à pénétrer?

9 Quelle est la stratégie de vente du groupe Monoprix?

10 Qui domine le développement du commerce en dehors des grandes villes?

 ## Activités

1 Petit commerçant ou hypermarché? Expliquez à vos camarades pourquoi vous préférez faire vos achats dans l'un ou l'autre type de magasin.

2 (En groupes de trois ou quatre.) Vous êtes responsables de marketing dans un grand magasin à Lyon. Selon une enquête récente sur les habitudes d'achats, trois groupes de clients sont particulièrement susceptibles de quitter les grands magasins urbains pour faire leurs achats dans les hypermarchés en dehors de la ville. Ce sont notamment les jeunes familles, les femmes cadres et les touristes. Trouvez des méthodes pour attirer à nouveau chacun de ces groupes de clients, en dressant une liste d'idées sous les rubriques suivantes: la gamme de produits; le service; les méthodes de paiement; la publicité.

3 Débat – ouverture d'un hypermarché. La classe s'organise en trois groupes. A la suite de la proposition pour un nouveau centre Intermarché dans un quartier défavorisé de Neuville-sur-mer, la mairie a organisé une réunion avec des représentants des résidents locaux, le groupe Intermarché et le syndicat des petits commerçants de la commune.

Groupe A: Vous représentez les habitants de la commune. Vous défendez la position des riverains du quartier, et donnez des arguments pour ou contre la proposition.

Groupe B: Vous jouez le rôle de la direction d'Intermarché, qui va défendre la proposition en expliquant ses avantages pour les résidents, pour la commune et pour l'environnement.

Groupe C: Vous représentez les petits commerçants qui se sentent menacés par le projet Intermarché. Vous avez à persuader la mairie qu'un centre Intermarché à Neuville ne sera pas dans l'intérêt de la commune.

Le rôle du/des représentant(s) de la mairie peut être joué soit par le professeur, soit par d'autres étudiants.

 4 Ecoutez l'entrevue avec Monsieur Zimmermann. Quelles sont, selon lui, les conséquences du développement de la grande distribution en France sur le petit commerçant, le consommateur et l'économie française?

C *Grammar*

Expressions of time

> Depuis
> Depuis que
> Voici, voilà, ça fait que
> Il y a, il y a que
> Venir de

Look at the following sentences from the *texte de compréhension*:

'Or, depuis cinq ans, on s'aperçoit que le paysage commercial se modifie...'
'il y a quelques années, on n'y pensait même pas.'

'Has been', 'had been'

(i)   We use the **present tense** in French to describe an action that started in the past and continues in the present. This idea is expressed in English by using 'has been'.

Il attend l'autorisation d'agrandir sa surface de vente depuis longtemps.

We can express the same idea using *il y a, ça fait, voici* or *voilà que*:

Il y a
Ça fait
Voici   } longtemps qu'il attend l'autorisation d'agrandir sa surface de vente.
Voilà

(ii) Where the action starts in the *remoter* past and continues in a nearer past, as in the English expression 'He had been doing something (when something else happened)', we use the **simple past** in French.

Il m'attendait à l'aéroport depuis une heure lorsque l'avion a enfin atterri.
(He had been waiting for me at the airport for an hour when the plane finally landed.)

(iii) When describing past actions with consequences in the present, we use the **present perfect** tense.

Il est parti en France pour son travail depuis trois semaines.
(He has been in France on business for three weeks.)

Monsieur Boiron n'est plus dans mon service. Je ne l'ai pas vu depuis six mois.
(Monsieur Boiron is no longer in my department. I have not seen him for six months.)

Depuis, il ya

(i)   *Depuis* and *il y a* by themselves introduce a period of time: *depuis trois semaines, il y a un an*, etc. to describe something in terms of an action in the past. We need *que* which introduces the verb, thus:

112

Il a beaucoup changé depuis qu' il est devenu chef de rayon.
(He has changed a lot since he became departmental supervisor.)

But note that the **present tense** is used if the information is still true in the present.

Depuis qu'il est responsable des relations publiques, il vient au travail en costume.
(Since he has been in charge of public relations, he has come to work in a suit.)

(ii) *Il y a* is only used with a past tense. It means 'ago'.

J'ai rencontré Mademoiselle Mercier à Lyon il y a trois semaines.
(I met Miss Mercier at Lyons three weeks ago.)

Il paraît que l'entreprise a fusionné il y a huit jours.
(It appears that the company merged a week ago.)

Venir de

Venir de is used with an **infinitive** to indicate an action or an event which has taken place in the recent past. *Venir* is then only found in the present or imperfect tense, and means respectively 'have just done something' and 'had just done something'.

Est-ce-que Monsieur Girond est dans son bureau? Non, il vient de se rendre à une réunion.
(Is Mr Girond in his office? No, he has just gone to a meeting.)

Le directeur venait de prendre sa décision quand les clients sont arrivés.
(The director had just made his decision when the clients arrived.)

Exercises

A Faites coïncider les deux parties des phrases suivantes de façon à former un tout:

1 Depuis plusieurs années les centrales d'achat ...	(a) la gestion des stocks est informatisée.
2 Ca fait un certain temps que ...	(b) racheter la Redoute.
3 Les hard discounters français ont apparu il y a peu de temps pour ...	(c) remarquer le décollage du laserdisc en France.
4 Depuis l'internationalisation des marchés ...	(d) obtiennent des rabais énormes des fabricants.
5 Voilà deux ans qu'on peut ...	(e) les Maghrébins font une percée.
6 La Riviera, un grand magasin de Nice, vient de ...	(f) concurrencer Aldi.
7 Les petits commerçants connaissent une chute vertigineuse de leur fréquentation ...	(g) se livrent à une concurrence acharnée.
8 Ca fait cinq jours que ...	(h) depuis l'explosion des supers et hypers.
9 Au Printemps vient de ...	(i) changer de mains.
10 Voilà pas mal d'années que ...	(j) nous attendons la livraison.

113

B   Le texte que vous allez lire ne présente aucun sens. Réécrivez-le de façon à ce que les phrases découlent les unes des autres de façon logique.

La distribution et l'embauche

Jusqu'a présent, on a surtout privilégié les contrats à temps partiel avec une formation sur le terrain. Depuis les années 1950 les techniques de vente au détail se sont multipliées (exclusivement données dans l'entreprise). Etant donné les changements nombreux et rapides dans ce domaine et la généralisation de l'informatique, car ils permettent de faire des économies, on peut prévoir que le siècle suivant subira de profondes modifications quant à l'emploi. Or, car les employés à temps partiel ne sont pas toujours productifs. En effet, ils ne sont guère motivés, on s'est aperçu depuis que ce n'est pas la bonne solution, et ne cherchent pas à approfondir leurs connaissances. On commence à se demander dont les comportements et les modes d'achat se modifient s'il ne vaudrait pas mieux susceptible d'offrir un meilleur service et un meilleur accueil à la clientèle recruter du personnel à plein temps. Elle a créé des postes d'informaticiens en mesure d'aider l'encadrement en place, si l'informatique a réduit le nombre de postes d'exécution et d'analyser le flux d'information venant des acheteurs et des approvisionneurs en minimisant les tâches manuelles répétitives et les opérations administratives ordinaires et d'optimiser les calculs des opérations de gestion des entrepôts par exemple.

Il s'opère accompagnée d'un déplacement du niveau de décision avec la globalisation des entreprises. En outre, la grande distribution doit donc s'adapter aux nouvelles donnes. La concurrence s'intensifie faire évoluer de véritables motivations et lui apporter son personnel d'encadrement.

📼 Structural exercises

A   One way of asking, in French, how long something has been going on is to use the expression *depuis longtemps*. Answer the questions as in the example:

La compagnie française de chemiserie commercialise en hyper des chemises raffinées depuis longtemps? (des mois)
Ca fait des mois qu'elle commercialise en hypers des chemises raffinées.

A vous maintenant

1   La loi Royer existe depuis longtemps? (une vingtaine d'années)
2   Les GMS gagnent des points au détriment des traditionnels depuis longtemps? (trois ans)
3   Les produits régionaux souffrent d'un manque de communication depuis longtemps? (des années)
4   On impose des quotas aux pêcheurs en Europe depuis longtemps? (un bon nombre d'années)
5   Le réseau de franchise de la chemiserie Cacharel connaît un développement spectaculaire depuis longtemps? (deux ans)
6   L'équipement des ménages connaît une progression remarquable depuis longtemps? (vingt ans)
7   Le magnétoscope constitue une révolution considérable depuis longtemps? (six ans)

8 L'étiquette électronique de gondole est une alternative à l'étiquetage traditionnel depuis longtemps? (peu de temps)

9 La salade en sachet représente un grand pourcentage du marché des légumes depuis longtemps? (un an et demi)

10 Les jouets d'après les séries télévisées sont largement distribués en hypers depuis longtemps? (dix ans)

B The speaker asks about something that has just been carried out. Reply, as in the example.

Vous m'avez terminé la lettre de réclamation?
Oui, je viens de la terminer.

A vous maintenant

1 Nicole a passé sa commande sur Minitel?

2 Vous avez envoyé votre candidature pour le poste de chef des ventes?

3 On nous a livré les caisses de champagne rosé?

4 Votre enseigne a obtenu l'autorisation de construire?

5 Dans votre entreprise, la gestion des stocks est informatisée?

6 Il paraît qu'ils ont ouvert des succursales en province?

C You answer somewhat suprised at the speaker's question, as the action/event has already taken place.

Quand votre collègue doit-il partir en déplacement? (deux jours)
Mais il est parti il y a deux jours.

A vous maintenant

1 Quand allez-vous envoyer votre demande d'affectation? (une semaine)

2 Quand va-t-il répondre à l'annonce? (hier)

3 Quand sera-t-elle nommée chef de rayon? (cinq jours)

4 Quand la réunion stagiaires-cadres doit-elle avoir lieu? (huit jours)

5 Quand devez-vous renouveler votre abonnement? (un mois)

Written exercises

Choisissez le temps qui convient pour les verbes qui figurent entre parenthèses.

1 Il (arriver) depuis cinq minutes.

2 Il y a trois ans, le groupe FNAC (dégager) un bon résultat.

3 Je (ne plus voir) mon collègue depuis sa promotion.

4 Depuis que notre petit épicier (disparaître) nous devons faire toutes nos courses au supermarché.

5 Ca fait des années qu'on (critiquer) la loi Royer et qu'on (promettre) de la changer.

6 Depuis que je (se servir) du traitement de texte, ma vie n'est plus la même.

7 Ca fait une éternité que nous (attendre) l'autorisation du permis de construire.

8 Les rapports entre les commerçants et leurs banquiers (venir) de s'envenimer.

9 Le poids des centres Leclerc dans la distribution française (augmenter) sans cesse depuis trente ans.

10 Il y a deux ans Codec (réaliser) un plan de restructuration logistique.

D *Business language skills*

La communication interne écrite

En tant qu'employé, ou éventuellement, stagiaire dans une entreprise, vous serez amené à communiquer par écrit avec vos collègues. Or, savoir communiquer, c'est faire preuve d'efficacité. Vous devez tenir compte non seulement du contenu, mais aussi de la forme qui correspond au type de message que vous voulez faire passer.

On distingue, entre autres, les documents 'longs', tels que le rapport ou le compte-rendu (où l'on fait l'analyse d'un dossier, d'une action ou d'une situation) des documents plus 'courts', comme la note de synthèse, la note de service ou d'information, aussi appelées note interne. Elles correspondent plus ou moins au memorandum en anglais.

Les documents longs

Le rapport sert souvent d'information de base. On y examine, tire des conclusions et propose des solutions à une situation donnée. On rédige un rapport sur, par exemple, le développement d'un nouveau produit ou la restructuration d'une entreprise. Le compte-rendu rapporte l'essentiel d'un événement: un accident sur les lieux de travail, un salon, ou une réunion à laquelle on a assisté. Contrairement au rapport, l'émetteur n'oriente pas la décision.

Il vous faudra adopter la même démarche pour ces deux types de documents. Après avoir trié et classé les informations et les données à votre disposition, répondez aux questions suivantes:

- Que s'est-il passé?
- Pourquoi et comment?
- Existe-t-il d'autres solutions, et si oui, lesquelles?
- Eventuellement, quelles recommandations faites-vous?

Pour leur présentation, vous devez considérer la structure et le style.

La structure comporte: des références qui servent à identifier l'auteur; l'objet, qui met brièvement le destinataire au fait de la situation; l'exposé de la situation qui commence sans préambule et présente les faits soit par thèmes, soit par ordre chronologique; les conséquences éventuelles de la situation et les mesures proposées par la suite (ces dernières, dans le cas d'un rapport).

Le style: employez un ton neutre, sans formules de politesse ni expressions familières. Utilisez des temps simples, des phrases courtes et peu complexes. Evitez l'usage de la première personne. Ainsi, au lieu d'écrire 'Quand j'ai rencontré Monsieur Bridel, il m'a proposé deux tarifs', mettez plutôt 'lors d'un entretien avec Monsieur Bridel, il a proposé deux tarifs'.

Voici un exemple de **rapport de stage** que tout étudiant effectuant un stage d'entreprise doit envoyer à son université ou à son école de commerce. Notez que dans ce rapport-ci, aucune décision n'est à prendre, et qu'il s'apparente davantage au compte-rendu (puisque c'est une simple relation de faits) qu'au 'rapport' typique, document interne d'une entreprise. (En outre, l'étudiante se met en cause et emploie le 'je'.)

Rapport pour le mois de novembre

Nom: Katherine Williams

Société: 'Livres Communications'

Adresse: 93, Avenue de Buzenval
             92 500 Rueil Malmaison

Du côté travail, nous avons effectué un mailing concernant la parution du dossier 'Livres cadeaux' dans le *Journal du Dimanche*. Ceci afin d'inciter les éditeurs à insérer de la publicité dans ce dossier pour les acheteurs de livres d'étrennes. Ce mailing a été fait assez rapidement, nous savions exactement quel secteur nous devions cibler. L'épuration de la liste de maisons d'éditions que nous avions a été exécutée avec une rapidité impressionnante par rapport au dernier mailing. Bien que les travaux préliminaires soient intéressants, la tâche la plus pénible d'un mailing est de coller les timbres – surtout quand il y a 52 enveloppes à affranchir! J'ai eu le privilège d'avoir été invitée à une soirée organisée par la Fondation Hachette à la mi-novembre. Cette soirée s'est déroulée au musée d'Orsay. La Fondation Hachette encourage la jeune création dans les domaines de l'écrit et de l'audiovisuel, en octroyant des bourses pour:

- jeune reporter photographe;
- jeune producteur de cinéma;
- jeune réalisateur TV;
- jeune écrivain;
- jeune journaliste de presse écrite.

Ces bourses ont été attribuées pendant la soirée par des personnalités de chaque domaine. C'était une soirée très réussie dans un décor grandiose.

Du côté temps libre, j'ai eu le plaisir de rentrer en Grande-Bretagne grâce à la fête du 11 novembre, ce fut un séjour très court mais bien agréable.

Rapport de stage

Les communications internes plus courtes

La note de synthèse a pour but d'informer le destinataire et de faire le point sur un long dossier dont la lecture lui sera épargnée. Seules y figurent les données significatives. Le directeur d'un service – marketing, ressources humaines ou autre – requerra souvent une note de synthèse d'un dossier préparé par le bureau d'études d'une entreprise.

Alors que les notes de service demandent au(x) destinataire(s) d'effectuer une tâche ou de répondre à une question, les notes d'information sont utilisées pour des petites annonces, des rappels ou changements de règlement, des modifications d'horaires, des renouvellements de personnel, etc.

Voir ci-après Fig. 1, Exemple de note interne de Claude Bornecque; et Fig. 2 et 3, Notes d'information de Lever de R. Lanai et de B. Lemaire.

DIRECTION DE L'ACTION ECONOMIQUE
ET INTERNATIONALE

Le 20 Mars 1992

NOTE INTERNE

Ci-jointe liste des périodiques auxquels nous sommes abonnés.
Merci de m'indiquer:

- Lesquels de ces périodiques vous recevez effectivement actuellement.
- Lesquels vous souhaitez recevoir.
- Vos souhaits d'abonnements complémentaires.

Claude BORNECQUE

Figure 1: Exemple de note interne

58RL0392 LEVER

de	à	le
R. Lanai	Tous Services	13 Mars 1992

Mary LOMBARD, Chef de produit Personal Wash chez Lever Canada, rejoindra notre société le 16 Mars 1992.

Elle est nommée Chef de produit européen Cajoline.

R. Lanai

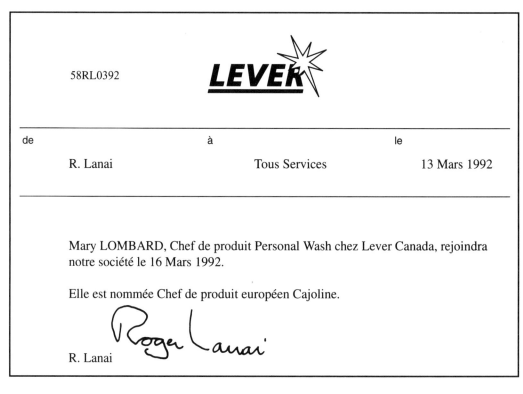

Figure 2: Exemple de note d'information

Usine de Saint-Vulbas
Z.I Plaine de l'Ain
01150 SAINT-VULBAS

LEVER ST-VULBAS   Le 02 septembre 1992

> ### NOTE D'INFORMATION

Dans la nouvelle organisation de l'Usine d'Haubourdin, F. DEMBLOCQUE est appelé à prendre la Responsabilité de l'Unité de Production des Poudres à compter du 1er Décembre 1992. En tant que 'Deputy', il assurera la Responsabilité de l'Usine d'Haubourdin lors de mes absences.

Monsieur R. SAENZ DE MIERA, actuellement Directeur de Production à l'Usine d'ARANJUEZ (Espagne) prendra la Direction de l'Usine de ST-VULBAS à cette même date.

B. LEMAIRE

Figure 3: Note d'information (télécopie)

Les grandes sociétés emploient de plus en plus la messagerie électronique comme forme de communication. Voir ci-après Fig. 4, Exemple de Mail Tool: View Message 5.

```
Mail Tool: View Message 5

From maji Fri Jun 12 19:41:37 1992
From: maji (Maji OUTENAH)
To: all
Subject: fxconsole
Cc: maji

Une Nouvelle version de fxconsole (SSL/ESSL) vient d'être installée
dans / vol/alpha.
```

Figure 4: Exemple de Mail Tool

📖 Activités

1 Rapport de stage (400–500 mots). Vous travaillez depuis quelques mois chez Dupont à Paris. Tout en représentant une expérience linguistique enrichissante, votre travail dans le service où vous êtes placé commence à vous ennuyer. Vous vous sentez capable d'avoir davantage de responsabilités, surtout en ce qui concerne le contact avec les clients.

Rédigez un rapport destiné au responsable des stages de votre école de commerce ou de votre université où vous présentez les problèmes que vous avez; vous proposez des solutions à votre situation.

2 Rédigez une note interne concernant la tenue vestimentaire et l'allure générale exigées par la direction d'Eurodisneyland, pour les hommes comme pour les femmes.

- Hommes ou femmes: interdiction de porter des jeans.
- Hommes: pas de cheveux longs ni de pattes. Pas de boucles d'oreille. Pas d'ongles longs.
- Femmes: pas trop de maquillage ni d'ongles trop longs. Pas de jupes/robes courtes. Pas de boucles d'oreille trop longues. Les bottes doivent monter jusqu'à la hauteur du bas de l'ourlet.

3 Rédigez une note de service de la part du siège administratif sur l'introduction d'horaires de travail flexibles début janvier 1994, et d'un rota pour les congés d'été annuels.

Unit **8**

LE TOURISME

A *Texte d'introduction*

Les produits d'exportation les plus rentables de la France ne sont plus le champagne et le foie gras, mais les exportations invisibles: la tour Eiffel et le musée du Louvre, la côte d'Azur et les Deux Alpes, les châteaux de la Loire et Eurodisneyland. Aujourd'hui le tourisme en France est devenu l'une des toutes premières activités économiques du pays, avec un solde commercial bénéficiaire de 51,3 milliards de francs en 1991. Il dépasse donc les trois autres grands secteurs industriels – agro-alimentaire (45,4 milliards), automobile (33 milliards) et aéronautique civile (22 milliards) pour devenir la première industrie française.

Comment expliquer l'essor du tourisme en France?

Destination France

Bien que la réussite spectaculaire du tourisme soit un phénomène relativement récent, il n'en demeure pas moins que les attractions touristiques de la France sont surtout celles de la nature. Le pays bénéficie d'une grande diversité géographique et climatique avec 6 500 kilomètres de littoral, des montagnes, des lacs et des forêts, ce qui permet presque toutes les activités de sport et de loisirs. Si l'on y ajoute sa richesse culturelle, sa gastronomie et ses villes historiques, l'attraction de l'Hexagone comme destination touristique n'est guère étonnante.

Leader européen en tourisme international, avec 52 millions de visiteurs en 1991, la France a su développer son tourisme face à une concurrence féroce, notamment de l'Italie et de l'Espagne qui, elles, attiraient davantage de touristes jusqu'en 1987. Selon *l'Expansion*, ce n'est pas seulement dû à ses attractions naturelles, mais aussi et surtout à son marketing: le produit 'France' s'est adapté à la demande des touristes, et offre un excellent rapport qualité-prix dans les domaines de l'hôtellerie, de la restauration et des loisirs. Par ailleurs, le tourisme a été l'objet d'une campagne publicitaire coordonnée par la Maison de la France (qui regroupe les services à l'étranger du ministère du tourisme, les 22 régions françaises et quelques grands organismes de voyages tels Air France). Celle-ci a ciblé des marchés porteurs tels l'Allemagne, la Grande-Bretagne, les Etats-Unis et le Japon. Le gouvernement français a créé un ministère délégué du tourisme en 1988, mettant ainsi en lumière l'importance de cette activité. Outre son succès en tant que produit d'exportation, 'France-vacances' a continué d'attirer un public national: 83 pour cent des Français passent leurs vacances sur leur sol, contre 60 pour cent pour les Britanniques et 40 pour cent pour les Allemands. Une fierté de leur pays et de sa culture ainsi qu'une diversité exceptionnelle de destinations vacancières, mentionnée plus haut, semblent être la raison de cette préférence des Français pour leur pays.

Une industrie se développe

Au fur et à mesure de la croissance de la demande, la diversification des types de vacances a augmenté. A l'aube de l'ère des loisirs en France (le droit à deux semaines de congé payés a été institué en 1936), les grandes vacances consistaient en un simple séjour au bord de la mer ou en montagne. Des vacances plus longues (congés payés de cinq semaines en France à partir de 1982 – *voir* Unit 2, Le Monde du Travail), des salaires plus élevés et une revalorisation du temps libre par rapport au travail ont fait se développer de nouveaux types de vacances. On a vu ainsi l'explosion des sports d'hiver (surtout dans les années 80), des séjours sous forme de stages de tennis, d'escalade ou de planche à voile; et – au gré des événements et des modes – des vacances vertes, des cures, (on parle souvent du tourisme de *santé*), des séjours culturels et des stages linguistiques.

Au niveau de l'offre, il n'existe pas la même concentration que dans d'autres secteurs de l'économie française. L'organisation des vacances est, dans l'ensemble, entre les mains de petites entreprises, qu'il s'agisse d'hôtellerie-restauration ou d'agences de voyages. A l'exception du Club Méditerranée, pionnier des villages de vacances, la France n'a pas de grandes entreprises de voyages organisés à l'échelle internationale; celles-ci demeurent la chasse gardée des sociétés britanniques et surtout allemandes, dont la clientèle nationale voyage beaucoup plus à l'étranger que les Français.

Le développement d'une infrastructure de transport (*voir* Unit 6, Le Transport), a été indispensable à la croissance du tourisme. L'importance du réseau routier est en même temps la cause et la conséquence de la préférence des Français pour l'automobile: 82 pour cent d'entre eux sont partis en vacances en voiture en 1987, par rapport à 65 pour cent en 1964.

La signification du boom touristique pour l'emploi est difficile à estimer. Non seulement les hôtels, les restaurants et les agences de voyages en bénéficient, mais encore le tourisme fournit aussi des emplois 'indirects' dans des secteurs annexes, tels les transports, la fabrication d'équipement de loisirs, les spectacles, ainsi que des emplois qui en découlent dans d'autres secteurs, comme par exemple l'immobilier, les banques et l'alimentaire. De la sidérurgie à la poste, du pêcheur au vendeur de journaux, il n'y a guère de secteur de l'économie qui ne soit touché par le tourisme.

Problèmes associés à la croissance touristique

Comme d'autres industries saisonnières, le tourisme doit faire face au problème de concentration temporelle. Débordées de touristes pendant les mois d'été, les stations balnéaires sont vides en hiver, ce qui oblige les hôteliers et les restaurateurs à faire leur chiffre d'affaires annuel en quelques mois seulement. Même dans les endroits les plus courus le hors-saison représente un période creuse pour les commerçants. Revers de la médaille, il manque des chambres, des parkings et de l'espace libre en juillet et août. (En 1987, 88 pour cent des séjours estivaux ont été pris pendant ces deux mois.) En dépit des mesures en faveur de l'étalement des vacances – déplacement des périodes de vacances pendant l'année scolaire, décalage des fermetures d'usines, tarifs hors-saison réduits dans les établissements d'accueil – les Français continuent de partir en masse sur la côte en juillet et août.

Le même déséquilibre existe sur le plan géographique: la majorité des journées-vacances en France sont passées en montagne, en campagne, et surtout au bord de la mer qui représente 45 pour cent des séjours en France. Dans les régions vacancières les plus cotées (Provence–Côte d'Azur, Languedoc–Roussillon, Bretagne, golfe de Gascogne) l'inondation de touristes atteint déjà un seuil insupportable: Biarritz passe de 29 000 habitants en hiver à 100 000 en été.

Le boom touristique et la concentration temporelle et spatiale des lieux de vacances ont des conséquences néfastes sur l'environnement. Plus de 50 pour cent du littoral est déjà bétonné. Ce qui n'empêche pas la construction d'appartements, de complexes hôteliers, de terrains de golf et de ports de plaisance de continuer apparemment sans relâche. L'importance économique du commerce touristique est telle que chaque commune maritime veut son port de plaisance ou son village de vacances, chaque station de ski un nombre accru de télésièges et de pistes skiables. La population locale pèse les pour et les contre: si une augmentation de touristes améliore les perspectives pour l'emploi, en contrepartie elle impose l'aménagement d'hôtels, de routes et de parkings, souvent au détriment de l'espace vert.

L'avenir du tourisme en France

Le seuil de croissance du tourisme est-il atteint? Les facteurs susceptibles d'influer sur la demande s'annoncent plutôt positifs: une réduction éventuelle des heures de travail, une augmentation des possibilités de voyager avec le Tunnel sous la Manche, la déréglementation des tarifs aériens en Europe, et la construction d'un réseau TGV européen. Reste à voir si l'ouverture de l'Europe de l'Est représentera un marché de touristes à exploiter pour la France ou une menace avec ses attraits culturels et vacanciers bon marché.

Peut-on développer le tourisme sans remettre en question la protection de l'environnement? Quelques initiatives ont été déjà prises. Le Conservatoire du Littoral, créé en 1976, achète des espaces naturels sur la côte et les déclare inconstructibles. L'association des Gîtes de France essaie de développer le tourisme hors des côtes, en accueillant des touristes dans des maisons traditionnelles, familiales, et souvent dans des exploitations agricoles, où les visiteurs sont davantage en contact avec la nature et la campagne qu'avec les distractions purement touristiques.

Au moment où la réforme de la Politique Agricole Commune en Europe menace de relancer l'exode rural, les paysans français font appel au gouvernement pour créer des emplois dans la campagne. Le tourisme, sera-t-il un outil de conservation de la vie des communes rurales et de leur environnement?

Références

Cazes, Georges *Le Tourisme en France*, 'Que sais-je?', PUF, 3e édition, (1989).
Krippendorf, Jost *Les vacances, et après?*, traduit de l'allemand par Isobel Wormser, Paris, L'Harmaltan, (1987).
Michaud, Jean-Luc *Le Tourisme face à l'environnement*, PUF, (1983).
Goujon, Paul *Cent ans de tourisme en France*, Le Cherche midi, (1989).
'La côte d'alerte', *Le nouvel Observateur*, no. 1388, (juin 1991), pp. 98–100.
'Tourisme en France: Le Boom', *Dossier de l'expansion*, (2/15 juillet 1992), pp. 91–105.

Activités de recherche

1 Choisissez une région ou un département de la France où le tourisme est encore peu développé (la Picardie, la Beauce (Loiret), les Ardennes, l'Auvergne). Quels efforts ont été faits pour attirer les touristes dans ces régions? Cherchez des dossiers ou des articles appropriés dans les journaux ou hebdomadaires français, ou renseignez-vous directement, par courrier, aux divers offices de tourisme ou syndicats d'initiative des villes concernées.

2 Commentez le travail fait par des organismes de protection de l'environnement, tels le Conservatoire du Littoral.

3 Evaluez la publicité faite par les agences et organisateurs britanniques de voyages (tels Thomson, Thomas Cook, Horizon etc) pour vendre la France en tant que destination de vacances aux Britanniques. Quelle image de la France donnent-ils? (*Voir aussi* Unit 9, La Publicité.)

4 En tant que stagiaire dans le service marketing d'une grande entreprise britannique, vous êtes chargé(e) d'organiser une conférence de deux jours qui réunira les cadres de toutes les filiales européennes de l'entreprise (près de 100 personnes dans une vingtaine de filiales). Le directeur du personnel a indiqué qu'il préférerait que la conférence ait lieu en France. En utilisant des guides de voyages (tel Michelin), des cartes routières, des fiches horaires etc, choisissez un lieu approprié pour la conférence en précisant le nom de l'hôtel/centre de conférence; les indications d'accès par route, rail ou avion; les possibilités pour loisirs et détente en dehors des heures de conférence.

Dans un compte-rendu au directeur de marketing, justifiez votre choix d'hôtel et de ville ou d'endroit selon les critères suivants: facilité d'accès (il y a une filiale dans chaque pays de la CE); prix de transport et de logement; qualité de l'environnement (calme, climat). La conférence aura lieu en juin.

5 Faites une étude sur l'histoire et la politique commerciale d'une grande entreprise française de tourisme comme le Club Méditerranée, Nouvelles-Frontières ou Frantour, ou d'une chaîne hôtelière comme le Méridien, Novotel ou Nuit d'Hôtel. Quel public est-il visé et quelle est la politique de prix et de promotion? Vous pourrez également prendre deux exemples et faire une comparaison selon les mêmes critères.

L'USINE A TOURISTES

Les demandes de visites d'entreprises explosent. Le lieu où l'on travaille est réhabilité et plus facilement montrable qu'à l'époque des grandes grèves.

Ce n'est pas un effet de mode mais une tendance qui se confirme chaque année. Les entreprises se visitent comme n'importe quel site touristique. Les campeurs venus découvrir les châteaux de la Loire s'inscrivent tout naturellement à une visite de la centrale nucléaire du coin. Et si une chocolaterie ou une coopérative de vin se trouve sur la route des vacances, une halte s'impose. Durant l'année, il n'est plus une classe qui n'ait à son programme une visite d'entreprise et des clubs de troisième âge, les Rotary Club, et autres clubs d'investissement les mettent sur la liste de leurs réjouissances annuelles. Cet engouement pour le travail des autres relativement récent dépasse les possibilités d'offre actuelles des entreprises.

L'intérêt est réel. D'après une enquête de l'Ifop réalisée pour l'association 'Une France à découvrir' [1], 73 pour cent des Français déclarent avoir envie de visiter une usine ou un site industriel sur leur temps de loisirs. Et pour 84 pour cent d'entre eux il s'agit de quelque chose de nouveau. La manière dont les gens travaillent les intéresse plus que la façon dont est fabriqué le produit qu'ils consomment. 'Ce regard sur les autres est un regard sur soi. Le visiteur qui travaille lui-même dans une entreprise compare – "Tiens c'est plus clair ici, ils ont plus d'espace." Il va même voir les toilettes ou la cantine', souligne Gérard-Marie de Ficquelmont, responsable de l'association 'Une France à découvrir' et historien, passionné de tourisme industriel. 'En fait il s'intéresse à son propre travail.'

Mais si le public se rue plus massivement aujourd'hui dans les entreprises, c'est aussi parce que l'offre s'est étoffée. Les premières initiatives remontent après la guerre de 40. Piqué au vif par les rapports accablants des Américains sur le retard de l'industrie française, le patronat s'est décidé à ouvrir quelques portes dont celles de l'industrie automobile. Pour les refermer quelques années après. Les années 60–70 ne sont guère propices au tourisme industriel. L'entreprise est un terrain d'affrontement et le moment n'est pas très choisi pour y faire déambuler des visiteurs en goguette. C'est mauvais pour l'image de l'entre-prise mais c'est aussi très mal accepté par les salariés qui, explique Gérard-Marie de Ficquelmont 'refusent alors de se voir traiter comme des singes dans un zoo'. A l'heure des grandes grèves d'OS, le touriste ne pouvait avoir d'yeux que pour les conditions de travail. Aujourd'hui les développements technologiques, la mécanisation ont, sinon diminué, du moins masqué la pénibilité de certaines tâches. La réhabilitation de l'entre-prise, l'affaiblissement des syndicats et la diminution des conflits vont faire le reste. Le succès des premières 'portes ouvertes' – ponctuelles et limitées à certaines catégories de population dont les familles des salariés – vont progressivement les encourager à élargir les visites.

En 1985, le ministère du Tourisme crée l'association 'Une France à découvrir', chargée d'augmenter les flux touristiques dans les entreprises. Y participent des chambres de commerce, le patronat, et des agents de voyage curieux de connaître la liste des entreprises ouvertes au public.

En cinq ans la demande a explosé pour atteindre en 1991, 10 millions de visiteurs dont la moitié sont des scolaires. Quant aux 5000 entreprises ouvertes aux visites, elles ont très vite compris tout l'intérêt de cette forme de communication. Les plus promptes seront les industries de biens de consommation. A commencer par l'agro-alimentaire et l'automobile. Car les visites peuvent servir bien des visées commerciales. 'Roquefort, le fromage le plus cher du monde, ne peut se vendre à ce prix-là que parce que les caves attirent des milliers de visiteurs et qu'un savoir-faire se vend sur place', souligne Gérard-Marie de Ficquelmont. Pour une verrerie artisanale, il s'agira de sauvegarder un métier menacé par la concurrence industrielle.

Vecteur de communication, le tourisme industriel peut, comme à EDF, numéro un au hit parade de la curiosité avec un million de visiteurs par an, contribuer à redorer un blason détérioré par les écologistes de tous poils. En ouvrant les portes de ses barrages, de ses centrales hydrauliques et nucléaires, l'entreprise publique va chercher à rassurer une population qui n'accueille jamais de bon coeur une centrale à proximité. Rhône-Poulenc voudra démontrer qu'il maîtrise les risques de pollution et respecte la nature. Les raisons ne manquent pas, pour rendre crédible ce

---

[1] *Le Visitor*, par Philippe Gouault, Valérie Held et Gérard-Marie de Ficquelmont, Ed. Dunod.

slogan: 'Nous n'avons rien à cacher. Ce que nous faisons n'est pas nocif.'

En dépit de ces ouvertures, la France est toujours très en retard. 15 pour cent de ses entreprises se font visiter contre 80 pour cent au Japon ou 70 pour cent en Allemagne. Jérôme Bonamy, PDG d'une société de conseil en image d'entreprise, l'explique de deux façons: 'Le mental des dirigeants français qui sont repliés sur eux-même et la confidentialité, ils ont très peur que des informations ne s'échappent. Lors d'un colloque organisé sur ce thème, nous avons invité des agents de la DST.'

Résultat, la demande est aujourd'hui plus importante que l'offre. Et si le sujet intéresse de plus en plus d'intervenants, (des guides sont édités, des sociétés de conseil se mettent sur le marché), le tourisme industriel est loin d'avoir encore un noyau central comme celui que s'est donné le tourisme vert.

engouement (m)	fascination
se ruer	to arrive in droves
s'étoffer	to expand, to improve
piqué au vif	irritated
accablant	accusatory
patronat (m)	heads of industry
propice	auspicious, opportune
en goguette	jolly, merry
OS (ouvrier(s) spécialisé(s))	skilled worker(s)
verrerie (f)	glasswork
redorer son blason	to enhance the image
mental (m)	mentality
DST (f)	the secret service
EDF	Electricité de France

Sylvie Briet, *Libération*, 23 juin, 1992.

Questions sur le texte

1 Quel genre de public visite les entreprises?

2 Y a-t-il suffisamment de possibilités en France pour les gens qui s'y intéressent?

3 Quel aspect de la visite d'une usine est le plus intéressant pour les touristes?

4 Qu'est-ce qui a poussé les entreprises françaises à se lancer dans le tourisme industriel?

5 A quels problèmes les pionniers de cette forme de tourisme ont-ils dû faire face pendant les années 60–70?

6 Pourquoi les perspectives sont-elles meilleures pour les visites d'usines aujourd'hui?

7 Selon le texte, quel intérêt une entreprise a-t-elle à ouvrir ses portes au public?

8 Quelle est la situation particulière d'EDF à cet égard?

9 Comment explique-t-on la réticence de certains chefs d'entreprise à faire visiter leur usine?

10 Quels phénomènes accompagnent la croissance de cette activité?

Activités

1 Quels sont pour vous les avantages et les inconvénients – à la fois pour l'entreprise et pour la commune – du tourisme industriel? Cherchez des exemples, en France, en Angleterre ou ailleurs: d'entreprises qui font déjà des visites d'usines; d'entreprises ou d'industries qui n'en font pas encore mais qui pourraient en profiter; d'industries où le tourisme ne pourrait pas se faire.

2 'Le développement du tourisme est incompatible avec la protection de l'environnement'. Discutez.

3   Les responsables du département des loisirs de votre ville ou commune s'adressent aux étudiants de commerce de votre université pour des conseils sur le dévelopement du tourisme local. Comment peuvent-ils attirer plus de visiteurs? Vos conseils doivent inclure: des exemples d'activités touristiques qui pourraient être développées; des moyens publicitaires à exploiter pour attirer le plus grand nombre possible. (*Voir* Unit 9, La Publicité.)

4   Une carrière dans le tourisme. Quelles sont les qualités indispensables aux professions suivantes?

- Responsable dans une agence de voyages.
- Hôtelier
- Moniteur dans un village-vacances ou une colonie de vacances.
- Responsable des achats dans une chaîne de restaurants.

5   Mini étude de cas

Jacques Blachard, agriculteur dans une commune auvergnate de 1 500 personnes se trouve dans une situation financière assez difficile, par suite d'une réduction des quotas sur le lait imposée par la Commission européenne. Comme beaucoup d'agriculteurs français se trouvant dans le même cas, Monsieur Blachard se demande s'il ne pourrait pas développer certaines activités touristiques pour compléter son revenu.

Parmi les différentes possibilités qui s'offrent à lui, les activités suivantes lui semblent les plus intéressantes: faire un gîte rural[1] ou gîte d'étape[2]; un terrain de golf; des stages agricoles destinés aux jeunes ou aux habitants de villes qui s'intéressent aux activités des agriculteurs.

Compte tenu de la situation actuelle, et en vous aidant des informations suivantes, quelles activités conseilleriez-vous à Monsieur Blachard?

Informations supplémentaires: Jacques Blachard a 50 ans. Il a trois enfants. Sa fille Marie a 17 ans et prépare son baccalauréat. Elle n'a pas de perspectives d'emploi immédiates, mais elle s'intéresse beaucoup au tourisme. Les deux fils de M. Blachard sont plus âgés et ont quitté le foyer familial il y a longtemps pour faire des études à Paris. Madame Blachard a 47 ans. Sans profession, elle a consacré sa vie à sa famille et à aider son mari aux travaux de la ferme. C'est une excellente cuisinière. Elle sait faire des plats originaux avec les produits de la ferme. Jacques Blachard est né dans la ferme qu'il a héritée de son père il y a 10 ans. Sa femme est également d'un milieu rural – ils ne connaissent donc que la vie rurale.

La ferme est de taille moyenne et orientée principalement vers la production laitière (55 vaches). Elle est entourée de 20 hectares de champs et de prés, dont la moitié est en friche. En outre, il y a deux vieilles maisons adjacentes à la maison familiale. Leur structure est encore solide, mais pour être utilisées en tant que logements, il faut les rénover complètement. La maison familiale elle-même est en bon état, assez grande, avec cinq pièces et une énorme cuisine. L'ensemble est situé à trois kilomètres du village et des commerces les plus proches, à 12 kilomètres d'un Intermarché, à 20 kilomètres d'un lac avec possibilité de pêche et de baignade.

Les Blachard ont peu de capital. Monsieur Blachard pense vendre la moitié de ses vaches pour pouvoir financer l'un des projets. Il espère également disposer d'une aide financière locale pour subventionner des activités de tourisme. Dans sa région, il est quasiment impossible de vendre du terrain, faute d'une demande. Par contre, il pourrait facilement en acheter des fermes voisines, sans dépenses importantes.

Il pense obtenir sans difficultés la permission de la commune pour chaque projet proposé.

[1] Maison ou appartement à la campagne louée à la semaine aux touristes.
[2] Comme un gîte rural, mais loué à la journée et comprenant le petit déjeuner et éventuellement le repas du soir. Ceci correspond aux 'bed and breakfast' britanniques.

6 Entrevue avec Madame Lavelle, maire de Fougères-le-Grand, commune de 10 000 habitants dans la Corrèze. Celle-ci a lieu au mois de février. Après avoir écouté l'entrevue, quels sont les problèmes soulevés par le développement poussé dans une petite commune telle que Fougères-le-Grand? Selon vous, que faudrait-il construire en dehors de ce qui vient d'être mentionné et comment pourrait-on concilier tourisme et protection de la nature?

C *Grammar*

The future

Look at the following sentences from the *texte de compréhension*:

> 'Le succès des premières 'portes ouvertes' – ponctuelles et limitées à certaines catégories de population dont les familles de salariés – vont progressivement les encourager à élargir les visites.'

> 'Pour l'industrie artisanale, il s'agira de sauvegarder un métier menacé par la concurrence industrielle.'

> 'Rhône-Poulenc voudra démontrer qu'il maîtrise les risques de pollution.'

There are two ways of expressing the future in French – the **future tense,** as in:

> Le chef sera en colère après sa secrétaire si ses lettres ne sont pas tapées à temps.
> (The boss will be angry with his secretary if his letters are not typed in time.)

And the **future** with '*aller*':

> Je vais lui téléphoner tout de suite.
> (I'll phone him straight away.)

Form and uses

The **future** with '*aller*' takes the **present tense** of *aller* followed by an **infinitive.** It is used to describe:

(i) Actions in the immediate future:

> Je vais m'occuper de la réservation des billets d'avion dans cinq minutes.
> (I'll look after the ticket reservations in five minutes.)

Here, it corresponds to the English 'shall' and 'will', and is as much an expression of **intention** as of future action.

(ii) Actions at any moment in the future:

> Ils vont partir au Pérou l'été prochain.
> (They are leaving for Peru next Summer.)

Here, it corresponds to the expression in English 'going to do' something.

As in English, the future with '*aller*' and the future tense are interchangeable in many situations.

La modernisation du tourisme va s'accélérer/s'accélérera.
(The modernisation of tourism will/is going to increase.)

Regular forms of the future tense

For verbs of the first group (*-er*), the second group (*-ir*: finir – nous finissons) and some of the third group (*-ir*: sortir - nous sortons), the endings of present of *avoir* (*ai, as, a, -ons, - ez, ont*) are added to the infinitive.

réserver – je réserverai	finir – elle finira
trier – nous trierons	partir – ils partiront

For verbs of the third group (*-re*), the future tense is formed in the same way. The only difference is that the final *-e* of the infinitive is dropped.

prendre – je prendrai   attendre – nous attendrons

For irregular verbs, the form is different in each case and needs to be learned separately.

avoir – j'aurai
courir – tu courras
devoir – il devra
envoyer – nous enverrons
être – vous serez
faire – ils feront
falloir – il faudra
pleuvoir – il pleuvra } (*These verbs are only used in the 3rd person singular.*)
pouvoir – je pourrai
recevoir – je recevrai
savoir – je saurai
tenir – je tiendrai
(*and its derivatives*: contenir, retenir, soutenir...)
valoir – je vaudrai
venir – je viendrai
(*and its derivatives*: devenir, convenir...)
vouloir – je voudrai

Note that the endings are the same as for regular verbs.

Uses

The future tense has a wider usage in French than in English.

(i)   After expressions of time such as: *quand, lorsque, au moment où, dès que, aussitôt que, pendant que, tandis que, tant que,* we use the future tense in French, but there must also be a future in the main clause. The equivalent expressions in English all require the present tense, at least in the main clause, but sometimes also in the subordinate clause.

Dès que le tourisme social disposera de banques de données économiques, les associations pourront accueillir davantage de personnel dans leurs villages de vacances.

(As soon as the social tourism sector has the economic data, the associations can take on more personnel in the holiday villages.)

Pendant que vous vous occuperez de la campagne publicitaire RER–Eurodisney, nous pratiquerons une politique de promotion pour la capitale française.
(While you look after the RER–Eurodisney advertising campaign, we'll work on a promotion policy for the French capital.)

Tant que Paris et l'Ile-de-France auront des atouts par rapport à Londres, ils resteront un pôle touristique.
(As long as Paris and the Ile-de-France have advantages over London, they will remain a centre of tourism.)

(ii) After *dire, espérer, penser, savoir...que; ne pas savoir si, se demander si.*

Je te dis qu'elle acceptera sa mutation dans le tourisme industriel.
(I tell you that she will accept her transfer to the industrial tourism sector.)

J'espère qu'on finira par trouver une solution au chômage.
(I hope that we will finally find a solution to unemployment.)

Je pense que l'industrie hôtelière se développera davantage en France.
(I think that the hotel industry will develop further in France.)

Je sais qu'il va donner sa démission dans trois jours.
(I know that he will resign in three day's time.)

Je ne sais pas si le boom du tourisme en France continuera sur sa lancée.
(I don't know whether the boom in tourism will continue its upward trend in France.)

Je me demande s'il sera capable de s'adapter.
(I wonder whether he will be able to adapt or not.)

(iii) The future can replace an imperative as in the following passage:

Vous me taperez cette lettre sans faute avant ce soir.
(Type this letter for me without fail before this evening.)

Vous contacterez Monsieur Jupin pour la réunion de demain.
(Contact M. Jupin for tomorrow's meeting.)

Vous annulerez également mon déplacement pour Toulouse. Ah... j'oubliais. Si Monsieur Lesour téléphone, vous direz que je ne suis pas là.

(Cancel my trip to Toulouse. Ah ... I forgot. If M. Lesour phones, tell him that I'm not here.)

(iv) The future can be used in a main clause, before or after a *si* clause containing a **present tense** and which will express a hypothesis.

Si nous ne faisons pas suffisamment de promotion, Paris ne sera plus un pôle touristique.
(If we don't do enough promotion, Paris will no longer be a major tourist spot.)

The future perfect

The future perfect is used to mark an action or event which has taken place prior to a future event. This future event could be expressed by using a future tense or an imperative. Note that the English equivalent is usually the present perfect.

Formation of the future perfect

One uses *avoir* or *être* in the future plus a past participle. (For *avoir* or *être* plus past participle, *see* Unit 6, grammar section C.)

> Quand les conflits auront cessé, il faudra élaborer une convention collective.
> (When the disputes have finished, it will be necessary to set up a collective agreement with the employers.)
> Nous ne pourrons pas faire construire le nouveau complexe hôtelier tant que nous n'aurons pas obtenu le permis de construire.
> (We will not be able to build the hotel complex until we have obtained planning permission.)
> Dès que tu auras fini de taper le rapport, passe-le moi que je le lise.
> (As soon as you have finished typing the report, pass it to me so that I can read it.)

It can also express a supposition

> Je pense qu'à cette heure-ci il aura atteint sa destination.
> (I think that by now he will have reached his destination.)

Exercise

A Use the following verbs: *avoir, consentir, décider, devoir, être (twice), falloir, passer, remarquer, trouver, varier* and *voir* in the correct place and tense so that the letter below makes sense.

```
Monsieur,

 Nous vous remercions de l'intérêt que vous portez à notre entreprise.
   En réponse à votre demande de renseignements sur nos produits, vous (...)
ci-joint notre tout dernier catalogue ainsi qu'une liste de nos prix. Vous
(...) que ceux-ci sont TTC et (...) selon le modèle, la quantité commandée
et le règlement au comptant. A partir du mois prochain, les délais de
livraison (...) plus courts. Il (...) compter environ trois semaines. Quant
au paiement, il (...) être effectué dans les 60 jours qui suivent la récep-
tion de la facture.
   Toutefois, si vous ne (...) pas de commande ferme avant la fin décembre,
nous nous (...) dans l'obligation d'augmenter les prix à cause de la fluc-
tuation des cours mondiaux de la matière première. Par contre, si vous vous
(9) dans l'immédiat, nous vous (...) une réduction de 1,5 pour cent par
rapport aux prix cotés.
   Si vous (...) besoin de plus amples renseignements, nous (...) très
heureux de nous mettre à votre entière disposition pour vous en fournir.
   Dans l'attente, veuillez agréer, Monsieur, l'expression de nos sentiments
les meilleurs.



 F. BOURRACHON
 Service ventes
```

📼 Structural exercises

A Tell your boss that things that he was expecting to have been done already will happen soon.

> Ca y est? Vous avez fait la réservation au Méridien?
> Pas encore, mais je vais la faire bientôt.

A vous maintenant

1 Ca y est? Mademoiselle Grignon a contacté l'agence de voyages?

2 Ca y est? Monsieur Charmoix est enfin arrivé?

3 Ca y est? Bertrand est parti chercher Madame Lagrange?

4 Ca y est? Les deux stagiaires ont vu l'exposition sur les semi-conducteurs?

5 Ca y est? Nous avons reçu la commande de Minitel 11?

B You tell your head of department that you will pass on to him the information he needs as soon as it is available, as in the following example:

> Je pense obtenir les renseignements sur l'Ardenne tout à l'heure. Je vous contacterai à ce moment-là.
> C'est ça. Dès que vous les aurez obtenus, contactez-moi.

A vous maintenant

1 Madame Goix compte arriver vers cinq heures. Je vous passerai un coup de fil à ce moment-là.

2 Pierre Balon pense terminer ses pourcentages en fin de matinée. Je vous les communiquerai à ce moment-là.

3 Mon associé pense terminer sa campagne de communication demain. Je vous préviendrai à ce moment-là.

4 Nous pensons adapter bientôt l'image touristique de la France à chaque marché. Je vous le dirai à ce moment-là.

5 Pierre pense recevoir les statistiques sur le tourisme alpin demain. Je vous en parlerai à ce moment-là.

C Reassure your colleague that things will be done tomorrow, as in the example:

> Tiens! Tu ne prends pas ta voiture pour te rendre au travail?
> Aujourd'hui non, mais je la prendrai demain.

A vous maintenant

1 Tiens! Robert n'a pas terminé son communiqué de presse?

2 Tiens! Il n'y a guère de monde au Sicob.

3 Tiens! L'hôtel du Parc n'est pas encore complet?

4 Tiens! Vous ne partez pas à Paris pour le congrès?

5 Tiens! Je croyais que Monsieur Roubleau était revenu de son voyage aux Antilles.

Written exercises

The text below describes today's weather as given by the TV weather report.

Aujourd'hui, il fait une température très basse par rapport à la saison. Dans la moitié nord de la France, il pleut à torrents et l'on craint des inondations près de la frontière belge. En Ile-de-France, il y a un brouillard à couper au couteau et nous recommandons aux automobilistes d'être très prudents, en tout cas, de n'utiliser leur véhicule que s'il le faut. Le long des côtes de la Manche et de l'Atlantique, la tempête fait rage. La mer est agitée en Méditerranée. Dans les Alpes, il y a des nuages lourds et bas avec quelques éclaircies prévues pour le soir. Les routes sont glissantes avec des plaques de verglas. Là encore, la prudence est de mise. Même dans le Midi, habituellement épargné par le mauvais temps, il ne fait pas beau. Le ciel est couvert et l'on s'attend à quelques pluies suivies d'éclaircies en fin de journée. Par contre demain ...

Give the forecast for the week-end weather, using the notes below and the weather maps in figures 1 and 2. Start like this: 'Sur la moitié nord de la France, le temps se dégagera...'

- Moitié nord de la France, temps se dégager.
- Températures en hausse.
- Plus chaud.
- Temps meilleur Manche. Côte Bretagne se calmer.
- Soleil briller.
- Mais températures rester fraîches.
- Dans Pyrénées, beau fixe après-midi, mais quelques nuages matin.
- Dans Alpes, brouillard matin. Se dégager après-midi.
- Sud d'Avignon températures redevenir normales.
- Dans Midi, début frais, puis très chaud, soleil de plomb. Mer calme. Pas de vent.
- Seul Massif central rester froid.

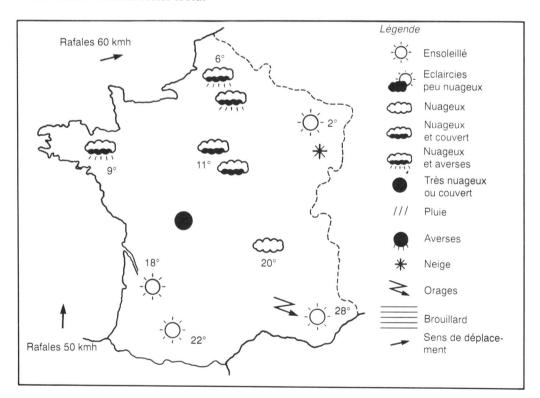

Figure 1: Temps prévu le samedi 26 septembre

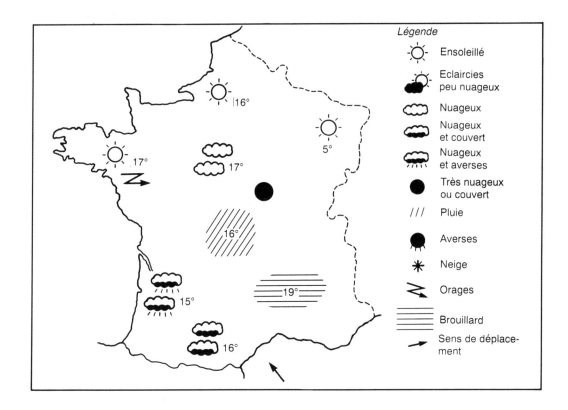

Figure 2: Temps prévu le dimanche 27 septembre

D *Business language skills*

La communication externe: le communiqué de presse

Outre la publicité, comment les firmes communiquent-elles? Par l'intermédiaire de la presse: toutes les entreprises doivent entretenir de bonnes relations avec la presse. Les grandes entreprises ont souvent un service chargé d'établir les rencontres avec les journalistes, de préparer des dossiers et des communiqués de presse.

A quoi sert le communiqué de presse?

- à cerner, définir et véhiculer *l'image* de l'entreprise;
- à *valoriser* l'entreprise en informant sur les produits;
- à augmenter la *notoriété* déjà existante;
- à *redorer* l'image d'une entreprise en cas de crise.

En effet, le silence, l'attente ou le fameux 'pas de commentaires' d'antan ne sont plus de mise et ne peuvent qu'aggraver la situation, voire mettre en jeu la survie de l'entreprise ou coûter très cher. Il n'est que de se rappeler Union Carbide et la catastrophe de Bhôpal, Sandoz et la pollution du Rhin, et l'Exxon Valdez et la marée noire en Alaska pour se rendre compte des conséquences néfastes d'un refus de communication immédiate.

Qu'est-ce qu'un communiqué de presse?

C'est un bref compte-rendu d'un événement actuel ou de la position et de la politique actuelle d'une entreprise où ne figurent que des faits. En principe, il est rédigé par l'attaché de presse de l'entreprise et envoyé aux journaux qui le publieront dans son intégralité ou en partie.

Comment préparer un communiqué de presse?

1 On sélectionne les informations à inclure.

2 On détermine le public visé par l'intermédiaire des journaux qui publieront le communiqué.

3 Dans la rédaction du communiqué, on devrait attirer l'attention par un bon titre; faire figurer les idées les plus importantes dans les premières lignes; mettre une idée par paragraphe; présenter les faits de manière frappante et convaincante en employant des phrases courtes et des termes qui accrochent.

Regardez de plus près le vocabulaire utilisé par la société Effix Systèmes (voir encadré) et la façon dont il est exploité.

Effix Systèmes joue la carte de l'international

Jeune société dédiée aux logiciels pour salles des marchés, Effix Systèmes a signé un accord exclusif avec Reuters qui distribue maintenant ses produits.

Progiciels, volume et international constituent les trois priorités d'Effix Systèmes, spécialiste de l'intégration des systèmes informatiques et de communication pour salles des marchés, créé en 1987 par quatre personnes.

'Notre stratégie est claire, elle consiste à faire du standard ouvert', explique David Toulemonde, directeur marketing chez Effix Systèmes. *'Et pour réussir dans ce domaine, il faut faire du volume et s'attaquer à l'international.'* Encore faut-il s'en donner les moyens. Effix Systèmes l'a fait, dès 1988, autorisant le numéro un des salles des marchés à vendre ses progiciels. Résultat: NSM devient la première référence avec l'installation de 42 positions FX-Aide (version sous Sunview).

Cette collaboration avec Reuters s'est poursuivie et enrichie. *'Il a fallu faire évoluer nos accords afin que Reuters puisse vendre aussi bien nos programmes client que serveur. Depuis l'été 90, nous avons donc signé un nouveau contrat, exclusif cette fois, permettant à Reuters de distribuer tous nos produits, sur stations de travail et terminaux.'*

Très vite, le marché français devient trop étroit pour la société, dont les ambitions se portent sur les grandes places internationales de New York, Tokyo et Londres. Pour y entrer, Effix Systèmes n'hésite pas à se concentrer sur la conception et la réalisation de progiciels d'aide à la décision et de gestion du risque, sur stations de travail sous Unix (environment X. Windows), intégrant les flux numériques des principaux fournisseurs d'informations financières. Cette stratégie porte ses fruits, ils sont présents dans douze pays: France, Espagne, Suisse, Allemagne, Luxembourg, Grande Bretagne, Finlande, Danemark, Canada, USA, Japon et Australie. Ainsi, en 1990,

Effix Systèmes réalise un chiffre d'affaires de 25 millions de francs, compte 59 salles de marchés équipées avec ses produits, totalisant 1338 positions Trader vendues (la moitié sur stations de travail, l'autre sur terminaux) dont 75% à l'étranger. *'Plus de 1300 traders travaillent désormais avec nos systèmes logiciels d'information et d'aide à la décision financière comme Effix ATW (proposé sur plateforme sous Unix Sun, DEC, HP ou IBM). T. Mon et T. Monrec (sur terminaux de type VT),'* précise David Toulemonde.

Fort de ces succès, la société complète son offre 'front office' et propose un système de gestion de risque, FX Forex, destiné aux opérations du marché des changes et Kondor, logiciel développé conjointement par Koris et Fininfo pour les opérations sur titres financiers, les principaux contrats et le marché monétaire.

Autre volonté d'Effix Systèmes: être un standard. *'Sur notre niche, celle des systèmes numériques pour salles des marchés, nous pensons atteindre une position de marché stratégique à horizon de trois ans. Notre offre, construite à partir de stations de travail sous Unix en mode Client-Serveur, de progiciels développés en langage C, sous X.Windows et de SGBDR (Sybase), devrait nous permettre de réaliser cet objectif. Car il s'agit de produits conçus avec des standards dont la philosophie demeure avant tout, l'ouverture des sytèmes.'*

Effix Systèmes, déjà bien implanté dans le monde financier et bancaire pourrait alors se diversifier vers d'autres secteurs. *'Nous avons des compétences dans les SGBDR, l'informatique temps réel en architecture distribuée, les processus d'historisation, les environnements multi-fenêtres. Nous pourrions donc entrer dans les secteurs des marchés publics ou de l'industrie.'*

(Source: *Technologie Bancaire Magazine*, no. 26, mai-juin, 1991.)

La société est présentée en tant que *spécialiste*, avec des contrats exclusifs; comme ayant bien réussi (*fort de ses succès, cette stratégie porte ses fruits*); comme étant bien implantée dans le monde (*s'attaquer à l'international, les grandes places internationales*).

Activités

La communication de crise

Vous êtes le PDG de Perrier. A la suite de traces de benzène découvertes dans des bouteilles d'eau minérale vendues aux Etats-Unis, vous décidez de réagir tout de suite et de faire passer un communiqué de presse rassurant, montrant que vous avez la situation bien en main. Voici les éléments que vous donnez à votre attaché de presse pour qu'il le rédige:

- 10-12 microgrammes de benzène par litre découvertes sur 300 millions vendues annuellement;
- pas de pollution générale;
- source pas affectée;
- provient d'un employé: utilisation d'un nettoyant à base de benzène sur chaîne d'embouteillage pour Amérique du Nord;
- chaînes d'embouteillage pour Japon et Allemagne pas en cause;
- norme maximale de ce produit toxique: 5 microgrammes;
- problème de santé existe néanmoins: image de pureté à conserver (slogan publicitaire en Amérique: 'It's perfect – it's Perrier');
- mesure draconienne: retrait de la vente de toutes bouteilles exportées;
- reconstitution des stocks prendra 3 mois.

Accord international entre deux sociétés

Vous faites partie du bureau de presse du premier ministre français. Vous êtes chargé d'écrire un communiqué de presse sur l'accord entre la firme publique Bull et la japonaise NEC. Montrez les avantages d'un tel accord pour Bull et ses conséquences sur l'emploi dans un contexte de marasme économique, et mettez en lumière les raisons de la volte-face (voir ci-dessous) du premier ministre.

Utilisez les renseignements suivants qui figurent sous forme de notes:

Historique de NEC

- filiale du fabricant américain Western Electric. Fondation 1899;
- pendant 60 ans, spécialisée télécommunications, puis ordinateurs (1/3 de ventes en 1985);
- accord de coopération technologique avec américain AT&T pour semi-conducteurs;
- ordinateurs incompatibles avec IBM – accords avec Europe nécessaires – CMB (Compagnie des Machines Bull) pour distribution grands systèmes DPS9000;
- avenir: intégration télécommunications-ordinateurs;
- accord de participation de 4,7 pour cent dans capital Bull;
- refus du premier ministre, pour qui ceci représente une offensive japonaise sur marché informatique français;
- pour Bull: marché gros systèmes = prestige;
- accord avec d'autres grands européens exclus: britannique ICL racheté par japonais Fujitsu, allemand Siemens – accord avec IBM;
- volte-face du premier ministre: réexamen du dossier. Amendement de l'accord - rachat possible par l'état des 4,7 pour cent de participation de Bull – garantie d'indépendance de Bull;
- offensive japonaise sur marché informatique français écartée.

Unit 9

LA PUBLICITE

A *Texte d'introduction*

Omniprésente, dans la rue comme au foyer, la pub a connu une extraordinaire expansion ces dernières années. Ce secteur a représenté un investissement de 232 milliards de dollars dans le monde en 1988, et, en France, un chiffre d'affaires de 65 milliards de francs en 1989, soit une progression de 11,5 pour cent par rapport à l'année précédente. Ce phénomène est dû à une standardisation et une multiplication des produits, à une concurrence accrue et devenue globale, à une mutation culturelle, à une hyperconsommation allant de pair avec une augmentation du pouvoir d'achat et un changement des comportements.

A l'heure actuelle, la publicité est un rouage, voire une nécessité de la vie économique et des institutions publiques. Elle a contribué, entre autres, au développement de la production de masse et du libre-service, à maintenir la qualité, la quantité et le volume rédactionnel des médias. Sans elle, il est probable que les ventes chuteraient, la concentration de la presse écrite s'accentuerait, le nombre de chaînes télévisées diminuerait, le prix des mass médias augmenterait.

Qu'est-ce que la pub et à quoi sert-elle?

Si l'on s'en tient à la définition de J-P Renucci, elle représente 'toute forme de communication faite dans le cadre d'une activité commerciale, industrielle, artisanale ou libérale, dans le but d'encourager la vente de produits et de services.'[1] Pour Leduc c'est 'l'ensemble des moyens destinés à informer le public et à le convaincre d'acheter un produit ou un service.'[2]

Le but de la pub est donc d'informer, d'encourager et de convaincre de façon à provoquer l'acte d'achat. Dans ces conditions, l'information publicitaire ne peut pas être neutre, objective; elle vante les qualités et passe sous silence les défauts d'un produit.

Cependant, elle ne peut être ni déguisée, ni mensongère, ni de nature à induire le consommateur en erreur (loi Royer de 1973). Elle ne doit pas heurter les sentiments religieux, ni faire appel à des thèmes racistes ou sexistes. En outre, la pub sur l'alcool, les produits pharmaceutiques ou énergétiques est strictement réglementée; celle sur le tabac, interdite à partir de début 1993.

Pour éviter les abus, il s'est créé un organisme dont la tâche est de vérifier qu'elle est conforme à un code de bonne conduite. Ainsi, le BVP (Bureau de Vérification de la Publicité), créé en 1953 et réformé en 1971, a pour mission de s'assurer que la pub est loyale, véridique et saine. Il agit tant sur les annonceurs en leur demandant de modifier leur pub que sur les supports en leur requérant de ne pas diffuser de pub non réglementaire. En outre, le CSA (Conseil Supérieur de l'Audio-visuel), fixe les règles de la pub du secteur privé.

Les véhicules de communication

- La presse écrite, pour laquelle l'insertion d'annonces représente un revenu substantiel. Mais la probabilité de voir tel message dans tel magazine, par exemple est seulement de 10 à 15 pour cent. Le prix de l'espace publicitaire varie selon le jour, la rubrique, et est calculé au millimètre-colonne, à la fraction de page, à la page.
- L'audio-visuel. La radio, où la pub a fait son apparition en France en 1935, a de très nombreux messages d'une durée de 15 à 60 secondes; et la télévision où le gouvernement a autorisé son introduction en 1968. La probabilité d'être exposé à un message y est plus forte que pour la presse écrite (de 15 à 25 pour cent). Le prix varie en fonction de la chaîne choisie, de la durée et de l'heure de passage. C'est le véhicule de communication commerciale le plus cher.
- Le cinéma où la pub est vendue selon le nombre de spectateurs touchés et le nombre de secondes du film publicitaire. C'est le moins cher des grands médias et il représente 1 pour cent des dépenses des annonceurs.
- L'affichage est important en France, avec 13 pour cent du marché publicitaire par rapport à 2 à 6 pour cent dans d'autres pays. Les agences louent un réseau de plusieurs milliers de panneaux pour une période limitée (généralement 7 jours).
- La promotion des ventes (offres spéciales, prix cassés...).
- La publicité directe (publipostage).
- La publicité sur le lieu de vente ou PLV (sur les chariots des hypermarchés).
- Les foires et salons.
- La publicité itinérante.
- L'emballage (conditionnement) du produit.
- Le téléphone.
- Le Minitel (introduit en masse dans les foyers depuis 1985).

[1] *Organiser la promotion et la publicité des ventes,* première édition, Clet, p. 60.
[2] *La publicité, une force au service de l'entreprise,* 10 ème édition, Dunod entreprise, Bordas p.4.

Au cours d'une campagne publicitaire, on peut combiner plusieurs médias pour obtenir une plus grande efficacité, donc une augmentation sensible des ventes. En outre, le message doit être répété pour assurer une meilleure mémorisation de l'acheteur potentiel.

Il faut également tenir compte du caractère saisonnier de la pub, avec deux pointes (au printemps et en automne), ainsi que de la forte audience de la télévision en hiver.

Il est d'autant plus difficile de mesurer l'impact d'une campagne de pub que les résultats ne se font pas toujours sentir immédiatement. Il existe des organismes à cet effet, dont l'IREP (Institut de Recherches et d'Etudes Publicitaires) créé en 1957.

L'audio-visuel, une menace pour la presse écrite?

L'introduction progressive de la pub à la télévision a soulevé un tollé général, tant de la part du consommateur français, qui s'y est montré allergique au début, que de la presse écrite qui s'est sentie menacée dans son existence et a craint un grignotement sensible de ses recettes publicitaires. Les divers gouvernements qui se sont succédés en France ont donc pris des mesures destinées à protéger la presse contre une éventuelle fuite des annonceurs au profit de l'audio-visuel. Or, on a remarqué très peu d'évolution ces derniers temps. La part de la télévision qui s'élevait à 14,5 pour cent en 1981 est maintenant de l'ordre de 24,7 pour cent au lieu de 24,6 pour cent l'année d'avant. Et la majorité des dépenses publicitaires dans le monde va pour la presse écrite (56,2 pour cent pour la France).

Eléments de la publicité

Elle comporte deux aspects: 1) *Le message*, qui dépend du public (appelé cible) auquel il s'adresse, qui doit accrocher, attirer, être cohérent et convaincant, car le public filtre l'information et ne retient que ce qu'il veut retenir. 2) *Le véhicule*, selon lequel prédominera le composant écrit ou le composant iconique (l'image).

A qui fait-on appel pour établir une publicité?

Les entreprises dépourvues de structure marketing peuvent avoir un chef de pub. Celles qui en ont une s'adressent en principe à des agences professionnelles (il en existe environ 300 en France, dont des groupes de taille internationale, tels Eurocom), à qui elles confient leur budget publicitaire. Celles-ci touchaient jusqu'en fin 1992, comme ailleurs dans le monde, une commission d'environ 15 pour cent pour leurs services, commission dont le montant est remis en cause par le deuxième volet de la loi Sapin, au nom de la transparence des prix pratiqués. Elles s'occupent de la création (trouver le slogan), de la réalisation (le film, la photo, l'annonce), du choix du support (le titre de journal/magazine, la chaîne de télévision), du média planning (le nombre de fois où passera l'annonce), de l'achat d'espace (la réservation d'un emplacement dans un journal, du temps d'antenne, sur un panneau d'affichage).

Or, depuis 1980, cette dernière spécialisation des agences tend à disparaître au profit des centrales d'achat d'espace par lesquelles passent désormais environ 80 pour cent de l'achat d'espace dans la plupart des pays de la CEE. Elles achètent en gros aux supports, revendent au détail aux annonceurs et prélèvent une marge en faisant jouer le volume. En traitant directement avec les supports et en regroupant l'achat de plusieurs annonceurs, elles obtiennent normalement des remises de 25 pour cent à 30 pour cent, mais qui, dans certains cas, peuvent aller jusqu'à 50 pour cent voire 70 pour cent du tarif initial. Elle risquent alors l'intervention du Conseil de la Concurrence si celui-ci estime qu'il y a abus de position dominante. De par leur taille et leur puissance, ces centrales sont en effet en mesure de faire pression sur les médias pour obtenir des rabais de plus en plus importants et favoriser le support qui les leur accorde, ce qui conduirait à fausser le libre jeu de la concurrence. D'où la loi Sapin, dont le premier volet porte sur le fonctionnement plus sain du marché et la disparition des pratiques abusives.

Peut-on se passer de publicité?

S'il est vrai que son matraquage agace parfois, qu'on a souvent tendance à la zapper, il n'en demeure pas moins qu'elle fait partie intégrante de notre paysage industriel et commercial et que, sans elle, les fabricants auraient bien des difficultés à écouler leurs produits et à en lancer de nouveaux. Il ne semble donc pas que nos sociétés d'hyperconsommation puissent fonctionner sans publicité.

Références

Charon, Jean-Marie *L'état des médias*, La Découverte – Média pouvoir CFPJ, Paris, (1991).
Rennucci, J. *Organiser la promotion et la publicité des ventes*, première édition, Clet, juillet 1990.
Leduc, R. *La publicité, une force au service de l'entreprise*, 10ème édition, Dunod entreprise, Bordas, 1990.
Les gros sous de la pub, article, *Science et Vie économie*, no. 61, mai 1990, p. 55.

 # Activités de recherche

1 Faites des recherches sur diverses régions françaises: le Languedoc, la Bretagne, la Champagne, la Charente maritime. Trouvez les thèmes qui forment l'identité de la région choisie.

2 La publicité internationale. Faites des recherches dans la presse francophone et anglophone, et trouvez des exemples de publicité qui sont:

(i)   identiques dans les deux types de presse (texte et image);
(ii) dont l'image est identique dans les deux types de presse, mais avec un texte différent selon le pays de distribution.

Pourquoi, selon vous, a-t-on utilisé une publicité adaptée à la langue du lectorat dans le deuxième cas et une publicité avec le même texte dans le premier?

3 Regardez des spots publicitaires à la télévision française. Repérez les différents thèmes utilisés pour vendre les produits au public français. Remarquez-vous des différences avec la publicité britannique?

4 La publicité de la grande distribution. Comment la société Marks and Spencer a-t-elle procédé pour lancer sa marque en français en France? A-t-elle une stratégie différente dans ce pays par rapport à celle adoptée en Grande-Bretagne?

B *Texte de compréhension*

LA COMMUNICATION, UNE SOLUTION POSSIBLE AUX FAITS DE SOCIETE

Un marché florissant

(Remise en question de la communication des collectivités locales à la suite d'une loi récemment entrée en vigueur et qui interdit aux collectivités locales toute communication de promotion de leur gestion ou leurs réalisations avant les scrutins.)

Un marché déjà estimé à 162 MF, à raison de 0,33 pour cent du budget départemental, 1,5 pour cent du budget régional et 3 pour cent du budget communal consacré 'officiellement' à la commununication. 'Paradoxalement, la loi va encore tirer le marché vers le haut', explique Stéphane Fouks. 'Pour au moins deux raisons – la première, c'est qu'elle va obliger les élus à penser leur communication sur la durée (minimum 6 ans) et non plus en termes de coups, et cela, toutes les sociétés de conseil ne peuvent qu'y être favorables. Enfin, elle va nous obliger désormais à plonger aux racines de l'identité de la collectivité.'

Et Stéphane d'expliquer comment à RSCG, se construit la communication d'une collectivité, 'On mesure d'abord le degré de bonne santé d'une collectivité. Ensuite, on travaille sur l'image de la ville, pour qu'elle se confonde avec ses produits ou ses actions (les nougats de Montélimart, le Festival d'Avignon...) ou que son image soit celle de son leader (Frêche à Montpellier, Carignon à Grenoble ou Baudis à Toulouse...). A partir de ces différents éléments, nous pouvons construire une communication cohérente, sur la durée.' Mais le responsable de RSCG admet que pour les régions et les départements, la recherche d'identité est plus complexe. 'Il faudrait, pour construire une communication intelligente, arriver à trouver les thèmes qui mobilisent tous les élus d'un département ou d'une région, des valeurs communes. La région Ile-de-France y était presque parvenue avec l'environnement, mais elle s'est arrêtée trop tôt.'

Daniel Sperling, directeur du marketing et de la communication de la région Provence-Alpes-Côte d'Azur, cofondateur de l'association Communication et Citoyen et auteur d'un ouvrage sur le marketing territorial, partage également ce point de vue: la communication doit affirmer l'identité de la collectivité et non celle de l'homme. C'est ce qui différencie le marketing territorial du marketing politique, qui se résume à obtenir la réélection de celui qui détient le pouvoir. Fondateur en 1989 du Cabinet H, conseil et audit en communication, Paul-Henry Hansen Catta s'attache lui aussi à mettre en avant l'aspect identitaire de la collectivité: qu'elle concerne une ville, un département ou une région, la communication locale, selon lui, vise à attirer des clients (touristes, consommateurs) et les 'contribuables' (particuliers et entreprises), mais sert également à mobiliser 'l'interne', c'est-à-dire à renforcer l'identité géographique concernée dont il s'agit de favoriser le rayonnement et le développement. Avec Eric Roig, gérant de Médium Communication, Paul-Henry Hansen Catta prépare d'ailleurs, pour mars prochain, un ouvrage sur ce thème, axé sur la communication des conseils généraux. 'La communication sera à l'avenir plus exigeante', résume Pierrick Borvo. 'Les conseils extérieurs deviendront de plus en plus pointus, parce que la ville ne pourra plus se contenter de faire une communication au gré des échéances électorales mais sera obligée d'établir un schéma directeur de communication.' Pour Capucine Fandre, PDG de l'agence de RP Capucine et qui traite quelques budgets de collectivités, 'La clef, c'est le contenu. Si la promotion est limitée, rien *a priori* ne nous empêche de faire de la publicité informative.' Belle unanimité des professionnels qui vont de ce fait 'être obligés de se poser les vraies questions', explique Stéphane Fouks. 'Qu'est-ce qui fait la bonne santé d'une collectivité locale?

141

Ou encore, quelle est son identité? Au lieu d'avoir un misérable slogan "La Gironde, j'y vais", on aura une communication beaucoup plus identitaire. De ce point de vue', poursuit Stéphane Fouks, 'la loi constitue un véritable tournant: les abus médiatiques du tapage publicitaire vont cesser, et les outils de communication vont se professionnaliser.' L'imagination peut à nouveau être au pouvoir. 'Finies les dérives publicitaires et la banalisation des messages qui ne permettent plus d'itentifier les émetteurs', admet Thierry Saussez,' qui précise que du point de vue quantitatif la loi aura un effet positif.' Sa crainte, que le qualitatif ne suive pas: 'Pendant trois mois, on n'entendra plus parler que des opérations de dépistage du Sida, du port du casque, des recherches médicales, du développement touristique, de la mobilisation civique.'

Dossier spécial communication locale, *Stratégies*, no. 757, 23 septembre, 1991.

---

la région, le département, la commune France is divided into 22 régions, 95 départements and some 36,000 communes for the purposes of political administration.
les élus the elected representatives (the equivalent of British MPs or local councillors)
la communication publicity, advertising
une collectivité here, a community
en terme de coups sporadically, in fits and starts
des thèmes qui mobilisent tous les élus themes or ideas that rally the members
l'aspect identitaire de la communauté the community image
le rayonnement attraction
axé sur focused on, aimed at
de plus en plus pointu more and more exacting
au gré des échéances électorales within the limits of election dates
les dérives publicitaires ad hoc publicity campaigns
l'émetteur the broadcaster, sender
le récepteur the recipient
tirer le marché vers le haut raise the market level
s'attacher à quelque chose to be keen to do something
le tapage publicitaire publicity scandal
la banalisation des messages turning advertising slogans into clichés
le dépistage screening
RSCG large French advertising group

Questions sur le texte

1 Pourquoi les sociétés de conseil devraient-elles, selon Stéphane Fouks, être favorables à la nouvelle loi?

2 Qu'est-ce que l'"identité' d'une collectivité?

3 Quels sont les moyens employés par l'agence RSCG pour construire la communication d'une collectivité sur la durée?

4 Pourquoi est-ce plus compliqué pour une région ou un département? Qu'est-ce qu'on doit trouver à ce niveau-là pour donner une cohérence à la communication?

5 Qu'est-ce qui différencie le marketing territorial du marketing politique?

6 Quel est le but de la communication locale, selon le fondateur de la communication H?

7 Pourquoi la communication locale sera-t-elle plus exigeante à l'avenir?

8 Quel genre de publicité fera-t-on du fait que la promotion est limitée?

9 Quels sont les avantages de cette nouvelle loi, selon Stéphane Fouks?

10 Quels peuvent être les effets négatifs de la loi, d'après Thierry Saussez?

Activités

1 Quelle est l'importance de la publicité pour les partis politiques?

2 Peut-on justifier une campagne publicitaire de la part d'une collectivité avant une élection?

3 Reprenez les thèmes publicitaires sur les régions françaises sur lesquelles vous avez fait des recherches (*voir* page 140). Comparez les différentes idées exploitées par ces régions. Laquelle choisiriez-vous: a) comme lieu de vacances; b) pour monter une entreprise? Justifiez vos réponses.

4 Vous travaillez pour une agence de publicité et vous êtes chargé de lancer un nouveau savon de toilette pour une multinationale. En tant que créatif, vous essayez de déterminer l'image que vous allez donner de ce nouveau produit compte tenu de la concurrence. Vous allez choisir le slogan, le conditionnement ainsi que le média qui vous paraît le mieux-adapté pour véhiculer cette image. Présentez vos idées devant la classe qui en fera une analyse critique.

C *Grammar*

The subjunctive

Look carefully at the text from the *texte de compréhension*, and notice the following:

> Ensuite, on travaille sur l'image de la ville, pour qu'elle se confonde avec ses produits ou ses actions (...) ou que son image soit celle de son leader.

> Qu'elle concerne une ville, un département ou une région, la communication locale, selon lui, vise à attirer des clients...

Ask yourself why there is a subjunctive.

Main uses

(i) The subjunctive normally appears in a subordinate clause (that is a clause dependent on another, main one) to express what is *thought, felt, wanted, regretted, wished, doubted, feared*; an *appreciation* or an *interpretation* of a fact.

Je souhaite que le contrat soit signé rapidement.
(I wish the contract to be signed quickly.)

Je regrette qu'elle doive partir en mission.
(I am sorry that she has to leave on a mission.)
NB: Je regrette de devoir partir en mission.
(I am sorry to have to leave on a mission.)

Je doute qu'il comprenne ce qui se passe.
(I doubt he understands what is going on.)

143

(ii) **After verbs of opinion** (*penser, croire...*) used **negatively** or **interrogatively.**

Pensez-vous que la publicité soit délibérément mensongère?
(Do you think that advertising is deliberately dishonest?)

(*But:* Je pense que la publicité est délibérément mensongère.)

Je ne crois pas qu'il faille se dépêcher.
(I don't think it is necessary to hurry.)

(*But:* Je crois qu'il faut se dépêcher.)

(iii) **After impersonal verbs** or **expressions.**

Il est étonnant que nous n'ayons rien reçu.
(It is astonishing that we have received nothing.)

Il vaut mieux qu'il reprenne l'affaire.
(It is better if he takes over the business.)

(iv) **After conjunctions** such as *bien que, pour que, jusqu'à ce que* and *à condition que.*

Il est de bonne humeur bien que l'affaire ait raté.
(He is in a good mood although the deal did not come off.)

Tapez-moi cette lettre tout de suite pour qu'elle parte au plus vite.
(Type this letter for me straightaway so that it goes out as soon as possible.)

Je resterai jusqu'à ce qu'il revienne.
(I will stay until he returns.)

J'engagerai Monsieur Beaulieu à condition qu'il connaisse bien l'anglais.
(I will hire Mr. Beaulieu provided that he has good English.)

(v) **After a relative clause** (containing *qui, que* ...).

Pensez-vous trouver un travail qui vous convienne davantage?
(Do you think you can find work which would suit you better?)

(vi) With the use of *le premier, le dernier, le seul, le plus, le moins, le meilleur.*

C'est le seul article qui soit intéressant dans ce journal.
(It is the only interesting article in this paper.)

C'est le meilleur film qu'il y ait à Londres en ce moment.
(It is currently the best film in London.)

(vii) It can also be found **in the main clause after** *que*, as in the expressions:

Qu'il le veuille ou non l'OPA aura lieu.
(Whether he likes it or not, the take over will take place.)

Qu'il soit bien à l'heure mardi prochain!
(He better be on time next Tuesday!)

Formation of the subjunctive

There are 4 tenses, but only 2 are found frequently: the **present** and the **past.**

(i) The present tense is formed with the stem of 3rd person plural of indicative present plus *-e,-es,-e,-ions,-iez,-ent*:

Parler	ils parl<u>ent</u>	que je parl<u>e</u>
Finir	ils finiss<u>ent</u>	que je finiss<u>e</u>
Mettre	ils mett<u>ent</u>	que je mett<u>e</u>

(ii) The past tense is formed with the present of subjunctive of *avoir* or *être* plus past participle:

Ecrire	que j'aie écrit
Sortir	que je sois sorti

(iii) Irregular verbs most frequently used include:

Etre	que je sois
Avoir	que j'aie
Vouloir	que je veuille
Pouvoir	que je puisse
Faire	que je fasse
Savoir	que je sache
Devoir	que je doive
Falloir	qu'il faille

Exercises

Extraits de lettres d'affaires

Mettez les verbes entre parenthèses à la forme correcte:

1 Retard de livraison:
Nous sommes étonnés de ne pas avoir reçu notre commande SD/3506. Il est essentiel que la livraison (être effectué) le 25 mars au plus tard pour que nous (pouvoir) avoir les articles dans nos rayons au moment des fêtes de Pâques.

2 Erreur de livraison:
Bien que les caisses (être étiqueté) correctement, la marchandise reçue ne correspond pas à notre commande.

3 Caisses et articles livrés cassés:
Nous vous prions de conserver les caisses et les articles cassés jusqu'à ce que notre représentant (se rendre) sur place pour procéder à leur expertise.

4 Erreur de tarif:
Nous craignons qu'il n'y (avoir) erreur de votre part. En effet nous avions convenu d'un rabais de 10 pour cent par commande de 35 caisses. Or il ne semble pas que la facture (faire) état de ce rabais.

5   Marchandise avariée:
Parmi les boîtes de foie gras que nous avons reçues, 20 nous sont parvenues avariées. Nous insistons pour que vous nous les (reprendre) et que vous nous en (expédier) 20 autres dans les plus brefs délais.

6   Erreur de rappel de règlement:
Nous sommes étonnés que vous nous (avoir envoyé) un rappel de règlement. Il semble que le règlement (avoir été effectué) en temps voulu, ainsi que vous pouvez le constater d'après la photocopie que nous vous adressons ci-jointe.

7   Confirmation d'une date de déplacement:
Nous aimerions que vous nous (confirmer) votre date d'arrivée pour que nous (pouvoir) vous réserver une chambre d'hôtel.

8   Demande de facilités de crédit:
Du fait de nos relations de longue date, nous aimerions que vous nous (accorder) des facilités de crédit.

9   Rabais sur les prix:
Nous sommes prêts à vous consentir un rabais sur les prix unitaires à condition que vous nous (commander) un minimum de 500 tonnes de yaourt bio dans le courant de l'année.

10   Rupture de stock:
Par suite d'une panne de notre système d'ordinateurs, il est fort probable que nous (être) en rupture de stock et que nous (ne pas pouvoir) honorer notre date de livraison.

🖭 Structural exercises

A   Disagree with the speaker as in the example:

Vous savez bien qu'il est trop tard.
Non, je doute qu'il soit trop tard.

A vous maintenant

1   Vous savez bien qu'il aura le temps.
2   Vous savez bien qu'il ira à Bruxelles.
3   Vous savez bien qu'il attend une promotion.
4   Vous savez bien qu'il y aura des restructurations.
5   Vous savez bien que l'union monétaire se fera.

B   Contradict the speaker in the same way as in the example:

Moi, je crois que nous ferons faillite. Et vous?
Non, moi je ne crois pas que nous fassions faillite.

A vous maintenant

1   Moi, je pense qu'il faut une franchise. Et vous?
2   Moi, je crois qu'il y aura une politique d'écrémage. Et vous?

3 Moi, je pense que les centrales d'achat sont trop puissantes. Et vous?

4 Moi, je crois que ce produit est mal positionné. Et vous?

5 Moi, je pense qu'il vaut mieux lancer un autre produit. Et vous?

C This time, you agree with the speaker. Express your wishes, orders or regrets in the same way as the example:

> Est-ce que vous souhaitez l'intervention de l'Etat?
> Oui, nous souhaitons qu'il intervienne.

A vous maintenant

1 Est-ce que vous désirez un arrêt des hostilités?

2 Est-ce que vous aimeriez la participation des ouvriers?

3 Est-ce que vous exigez la libre expression de la presse?

4 Est-ce que vous déplorez l'augmentation du chômage?

5 Est-ce que vous voulez la diffusion du communiqué sur France Inter?

D You are asked about a recent experience. Tell the speaker that it was the best, the worst, the funniest, etc., that you have ever had.

> Il est intéressant l'homme que tu viens de connaître?
> C'est l'homme le plus intéressant que j'aie jamais connu.

A vous maintenant

1 Il est captivant le livre que tu viens de lire?

2 Elle est choquante l'affiche que tu viens de voir?

3 Elle est amusante la pub que tu viens d'entendre?

4 Il est novateur le créatif que tu viens de rencontrer?

5 Il est efficace le produit que tu viens d'utliser?

D *Business language skills*

La rédaction d'une publicité

Analysez les deux publicités à la page suivante 'Pas de trêve pour les rides,' et 'L'angoisse des cheveux.'

1 A qui s'adressent-elles (hommes, femmes, enfants, âge, classe sociale)?

2 A partir d'où s'aperçoit-on qu'il s'agit de publicité?

3 De quelles marques s'agit-il?

4 Le vocabulaire employé fait penser qu'il s'agit d'un article sérieux de quelle nature?

5 Relevez le vocabulaire qui corrobore votre impression.

6 Relevez le vocabulaire frappant.

PAS DE TRÊVE POUR LES RIDES

Progrès des chercheurs américains

NEW YORK - Les U.S.A. sont le pays de la jeunesse? Il semblerait que oui, à en juger par le budget investi pour vaincre les signes de l'âge.

Un signal des progrès des chercheurs vient d'un test commissioné par une société de cosmétiques pour pharmachies à l'IRSI de New York et conduit par le dermatologue Daniel Gormley sur une pommade contre les rides.

Gormley affirme: 'Appliquée sur une vingtaine de volontaires, la pommade a montré une grande efficacité dans la réduction des rides, tant en profondeur qu'en nombre'. Décrivant le test il a déclaré: 'La pommade a été appliquée sur la moitié du visage de personnes âgées de 45 à 60 ans. A la fin du traitement, nous avons relevé une amélioration de la zone traitée d'au moins quatre fois supérieure par rapport à la partie non traitée.

Distribuée par Korff (dont le siège est à New York) cette pommade arrive aussi dans les pharmacies françaises, en deux versions à utiliser selon le conseil du pharmacien: Anti Age Retard pour un résultat visible en quelques mois, et Anti Age Super pour une action énergique, même pour les peaux âgées de plus de 50 ans.

(Source: *Le Monde*, 8–9 septembre, 1991.)

Une découverte de la recherche suisse
« L'ANGOISSE DES CHEVEUX »

BALE - Ceux qui perdent leurs cheveux (en France c'est une véritable multitude) deviennent bientôt, et presque toujours, des obsédés de la chevelure. Pour eux, trouver une solution équivaut à vider l'océan avec une cuillère: impossible, malgré toute la bonne volonté.

Il semble que ce soit la Suisse la patrie destinée à apporter une aide concrète à ceux qui sont le plus hantés par ce problème.

C'est de là-bas qu'arrive la nouvelle d'une récente découverte des chercheurs des laboratoires d'une société de Bâle (Cosprophar Labo). Telle découverte paraît destinée à ramener la sérénité à ceux qui aujourd'hui vivent l'angoisse de la chevelure. La nouveauté est une préparation cosmétique à base de Nicoténil (association de deux molécules et d'un vasodilatateur à usage topique).

La préparation, testée par le professeur Ernst Fink du Therapy and Performance Research Institute de Erlangen sur des volontaires qui en ont fait usage pendant trois mois, a donné des résultats positifs pour la plupart des sujets traités. Le seul effet négatif a été une légère rougeur, qui dure à peu près une heure, au point d'application.

Cette découverte de la chimie suisse, commercialisée sous le nom de Labo, après l'extraordinaire accueil reçu des pharmaciens des bords du lac Léman, arrive aussi dans quelques pharmacies françaises.

(Source: *Le Monde*, 11 septembre, 1991.)

Vaso-dilatateur: se dit des nerfs qui commandent la dilatation des vaisseaux.
Topique (adjectif et nom): médicament qui agit sur un point déterminé du corps.

7 Quelle est la motivation commune à ces deux publicités et qui poussera le client éventuel à acheter?

8 Relevez le vocabulaire relatif à cette motivation.

9 Dans quel endroit peut-on se procurer les produits en question? Peut-on les acheter ailleurs?

10 Selon vous, ce sont des produits bon marché, chers, d'un prix moyen?

Activités

1 Vous travaillez pour les laboratoires X. On vous a chargé d'écrire une publicité pour leur nouveau produit: une lotion après rasage pour homme, qui ne pique pas, qui ne produit pas d'allergie, qui laisse la peau douce et qui dégage une odeur subtile et agréable.

Rédigez une publicité en ce sens d'après les modèles ci-dessus.

 2 Entrevue avec une étudiante d'origine française dans sa dernière année d'études de marketing international à Londres.

Posez ces mêmes questions à vos camarades de classe. Analysez-en les résultats. Faites une comparaison relative entre les attitudes anglaises et françaises.

Unit 10

L'ENTREPRISE FRANCAISE AUJOURD'HUI

A *Texte d'introduction*

Les entreprises françaises sont caractérisées par leur extrême diversité et leur division en un secteur nationalisé et un secteur public. On y distingue les PME (petites et moyennes entreprises) avec des effectifs de moins de 500 personnes, des entreprises de très grande taille.

Les 445 entreprises les plus importantes représentent plus de la moitié du CA (Chiffres d'affaires) et plus des 2/3 des investissements. Quant aux PME elles sont de loin les plus nombreuses (97 pour cent des entreprises artisanales le sont d'après le *Nouveau Guide France*).

Parmi les entreprises françaises les plus importantes on peut citer: Elf Aquitaine (produits pétroliers), EDF (groupe diversifié, mais connu pour l'électricité), Renault, Peugeot SA (automobile), France Télécom (administration); Carrefour (grand magasin succursaliste), Bouygues (travaux publics), Air France (transport aérien), Hachette (presse), Roussel Uclaf (pharmacie), Rhône Poulenc (chimie), Seita (tabac), Bull (informatique), Publicis (pub), Club Méditerranée (agence de voyages), Beghin-Say (alimentation), l'Oréal (cosmétiques), Alcatel Thomson (équipement électrique), Moulinex (électroménager).

Petites ou grandes, celles-ci sont en butte à l'internationalisation et à la concurrence. Elles doivent donc faire montre d'une grande pugnacité pour survivre.

En effet, si leur taux de natalité est remarquable comparativement à d'autres pays (avec une moyenne de 10 pour cent par an), 1991 a marqué une baisse très nette par rapport à 1989, avec 189 340 créations d'entreprises au lieu de 224 040. En outre, c'est la France qui a le plus grand nombre de faillites (50 000 en 1991), après les Etats-Unis.

Les fonctions de l'entreprise

Ses fonctions principales, décider et produire sont effectuées grâce à son organisation dont on peut voir *infra* deux exemples de représentation graphique (ou organigramme).

Selon la taille de l'entreprise, les postes sont plus ou moins nombreux, voire amalgamés. De manière générale, les tâches sont réparties de la façon suivante:

- A la direction, on gère et coordonne les diverses activités, on indique les objectifs à court moyen et long terme, on s'assure de la qualité des produits.
- A l'administration, on fait connaître les directives, on applique les droits des employés, on sert de lien avec l'extérieur.
- A la production, on veille à l'amélioration des méthodes de travail et du rendement du personnel, ainsi qu'à l'ordonnancement du processus de fabrication.
- Au commercial, on s'occupe de commercialiser le produit, de constituer un circuit de distribution, d'assurer l'après-vente.
- Au marketing, souvent confondu avec le commercial, on se charge des études de marché, de la recherche de nouveaux produits et de la publicité.
- A la logistique, le poste finance a pour mission l'obtention des capitaux nécessaires aux politiques de l'entreprise, l'évaluation des investissements à faire. Le poste comptabilité, le mouvement quotidien des fonds de la société. Le poste approvisionnement, la fourniture en équipement, en matières premières, les stocks.
- A la maintenance, on assure l'entretien de l'équipement, son bon fonctionnement.
- Aux ressources humaines, on gère le personnel.

Toute entreprise, pour être compétitive a pour objectif d'améliorer sa productivité. Vu la conjoncture et la volatilité des marchés, elle doit sans cesse se remettre en cause et changer de stratégie au gré des événements, éviter de se laisser prendre au dépourvu. Depuis les années 80 surtout, on reconnaît que la réussite dépend de tout un ensemble de forces, du management d'une part, des employés de l'autre. D'où la nécessité d'une bonne formation qui permette responsabilisation et initiative de leur part. Ainsi, à l'heure actuelle, certaines sociétés consacrent jusqu'à 8 pour cent de la masse salariale en formation. D'où également la nécessité de la représentation du personnel au sein de l'entreprise, fonction principale des comités d'entreprise.

Les comités d'entreprise

Obligatoires dans toutes les entreprises privées et les établissements publics avec des effectifs d'au moins 50 salariés, les comités d'entreprise sont des organismes élus par un vote secret de tous les employés.

Leur composition est hétérogène et comporte le président de la firme et des membres élus du personnel dont le nombre varie selon les effectifs de l'entreprise (3 pour celles de 50 à 75 salariés; 4 pour celles de 75 à 100 salariés, 5 pour celles de 101 à 500). Un cadre doit également être membre pour les sociétés de plus de 50 salariés ou ayant 25 cadres. Des représentants syndicaux de l'entreprise en font également partie.

Ils se réunissent au moins une fois par mois à la demande du président et leurs décisions sont prises à la majorité des membres présents.

Ils assistent aussi aux conseils d'administration ou de surveillance, mais seulement avec un pouvoir consultatif sur la gestion économique, financière et technique. Ils donnent des suggestions sur ce qui est collectif. Ils doivent être informés et consultés sur les mouvements des effectifs (mais ils n'interviennent pas sur les licenciements individuels), sur les conditions et les horaires de travail, le règlement intérieur, le montant des salaires, les dates des congés payés.

Par contre, ils ont pratiquement les pleins pouvoirs quant à la gestion des oeuvres sociales et des services sociaux: cantines, crèches, associations sportives, colonies de vacances, services médicaux, hygiène et sécurité.

Il y a des comités obligatoires sur la formation professionnelle, l'aide au logement, l'amélioration des conditions de travail et la situation économique de la société.

S'il est intéressant que le gouvernement ait introduit la concertation dans les entreprises en instituant, entre autres, les comités d'entreprise, il n'en reste pas moins que leur rôle demeure limité du fait qu'ils ont seulement voix consultative sur la gestion des sociétés et que le pouvoir de direction est entièrement entre les mains du gérant, du Pdg ou du directoire.

Les entreprises françaises ont des formes juridiques distinctes selon le type de société dont voici les deux les plus répandus: les S.A.R.L. (sociétés à responsabilité limitée) et les S.A. (sociétés anonymes) qui sont des sociétés de capitaux (*voir* page suivante). Les organes des S.A. varient selon qu'elles appartiennent au modèle traditionnel ou au nouveau dont voici le schéma:

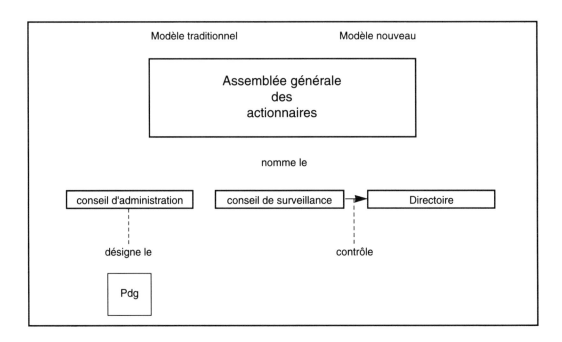

	La S.A.R.L.	La S.A.
Membre:	a) Unipersonnelle: 1 associé unique b) Pluripersonnelle: 2 à 50 associés Ne sont pas des commerçants	Au moins 7 actionnaires ne sont pas des commerçants.
Capital minimum:	50 000F	1 500 000 F avec appel public à l'épargne; 250 000 F sans appel public à l'épargne
Droits sociaux:	Parts sociales	Actions
Responsabilité des associés:	Limitée à leur apport	Limitée à leur apport
Cession des parts:	Sur consentement à la majorité Nécessité d'un acte	Libre Peut se faire sans acte
Nom de la société:	Dénomination sociale S.A.R.L.	Dénomination sociale S.A. capital × FF
Organes de gestion:	Un ou plusieurs gérants	Conseil d'administration (qui désigne le Pdg) *ou* directoire et conseil de surveillance
Organe de contrôle de la gestion:	Commissaire aux comptes	Commissaire aux comptes
Fiscalité:	Impôt sur le revenu des personnes morales[1] ou option pour impôt sur le revenu des personnes physiques[2] pour une SARL de famille	Impôt sur le revenu des personnes morales
Bourse:	—	Peut être ou non cotée en Bourse
Assemblée Générale: (AG)	Réunion au moins une fois par an – pour la modification éventuelle des statuts, la cession des parts sociales, etc.	AG ordinaire – une fois par an – pour les comptes, la répartition des résultats, l'élection des membres du conseil d'administration ou de surveillance. AG extraordinaire – pour un changement de statuts.

La croissance des entreprises

Pour être saine, une entreprise doit croître. Elle y parvient de deux manières:

[1] personne morale = une société, une association etc, par opposition à une [2] personne physique = un individu

a) **interne**, en augmentant la capacité de production par un apport de capitaux, des locaux plus vastes, un équipement renouvelé et performant, un personnel mieux formé et plus productif;

b) **externe**, en rachetant d'autres entreprises par des prises de participation, des fusions, des OPA (offres publiques d'achat) amicales ou inimicales. Ces dernières semblent de plus en plus fréquentes et les entreprises menacées tentent, souvent en vain, de se protéger en empêchant des blocs d'actions de changer subrepticement de mains.

La cotation en Bourse

Les entreprises les plus importantes sont cotées en Bourse. Depuis quelques années, l'introduction du second marché, aux conditions plus souples, permet à des sociétés plus petites d'entrer en Bourse et de s'accoutumer aux transactions qui s'y passent. Ce second marché sert de palier au marché officiel et permet aux entreprises qui ont réussi à prendre une expansion suffisante de pouvoir être cotées.

L'entreprise française vers l'an 2 000

Si certaines particularités distinguent l'entreprise française de ses concurrentes européennes et américaines – une organisation très hiérarchique, une préférence pour de longues négociations, une administration parfois très lourde – les défis économiques et commerciaux auxquels elle sera confrontée d'ici à la fin du siècle seront les mêmes: un marché plus important, mais plus complexe; un client plus aisé mais plus exigeant; une technologie plus performante et de plus en plus indispensable.

Dans un monde commercial dominé par les grandes entreprises, les PME ont-elles un avenir? En fait, les petites se sont bien défendues dans les années 80 grâce à l'esprit d'entrepreneur et à la volonté de gérer sa propre affaire. Le secteur des petites entreprises se renouvelle constamment et est même en croissance. Ce sont plutôt les entreprises de taille moyenne qui ont tendance à disparaître.

Quelle que soit la taille de l'entreprise, les priorités des gestionnaires demeurent les mêmes: être à la hauteur de la technologie; savoir innover et s'adapter; investir dans la formation de leurs employés; instaurer un esprit d'équipe; mettre en avant les besoins du client. C'est une stratégie qui vaut pour l'entreprise française comme pour toute entreprise dans le monde moderne.

Références

Jeaneau, Y. *La législation du travail*, Nathan collection, 'repères pratiques', (1990).
Collin, André *Organisation de l'entreprise*, Clé international, (section gestion, français fonctionnel), (1984).
Le nouvel Economiste, hors série 1991, les 5 000.
Duprilot, Jean-Pierre et Fieschi-Vivet, Paul *Les comités d'entreprise*, PUF Collection 'Que sais-je?', (1982).
Info, mars/avril 1992, publié par la Chambre de Commerce française de Grande-Bretagne.

Ci-dessous, les organigrammes d'une petite société: Effix Systèmes, 61 employés, et d'une grande société: Lever France, 1 600 employés.

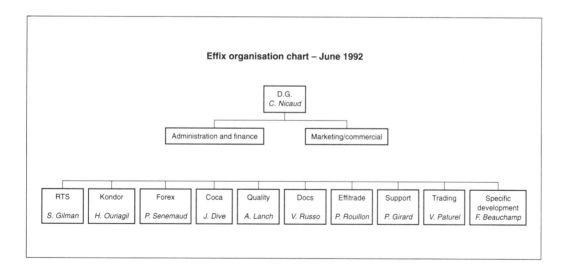

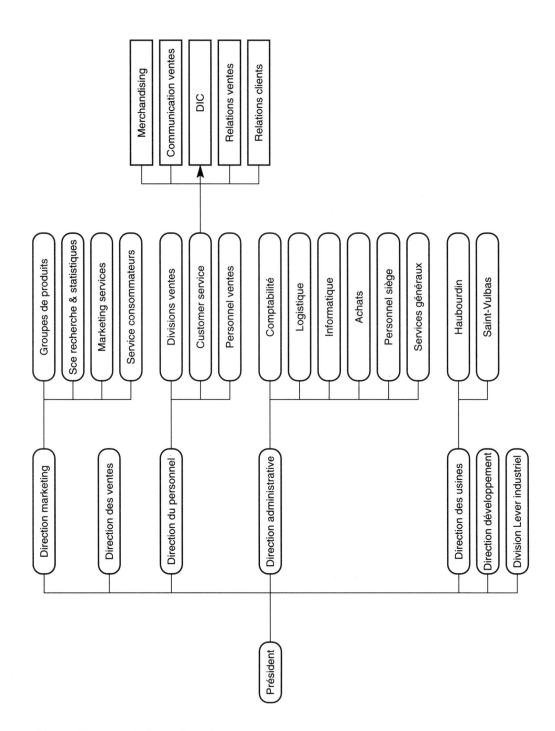

L'organigramme de Lever France

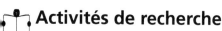

Activités de recherche

1 Outre les S.A. et les S.A.R.L., d'autres formes juridiques de sociétés existent en France, notamment les S.N.C. (sociétés en nom collectif), les sociétés en commandite par actions. Pour chacune de ces formes d'entreprise, définissez les caractéristiques suivantes: le capital minimum; la responsabilité des associés; les organes de gestion; les droits sociaux; les membres.

Dans quels secteurs économiques ces différents types d'entreprise sont-ils les plus répandus?

2 Faites des recherches sur l'organisation interne d'une entreprise. Dessinez cette organisation sous forme d'organigramme, et comparez-la avec celle d'Effix Systèmes ou de Lever France qui figurent dans le texte d'introduction. Quelles conclusions pouvez-vous en tirer sur la gestion de l'entreprise?

3 Certains chefs d'entreprise ont beaucoup influencé l'entreprise française par leur style de gestion, à savoir Jacques Calvet (Peugeot), Bernard Tapie (Adidas), Robert Hersant (médias). Commentez le développement de la carrière de l'un ou l'autre de ces hommes en mettant en lumière leurs idées sur la gestion de l'entreprise.

4 Comment explique-t-on la force des entreprises françaises dans l'agro-alimentaire, dans l'aviation et l'automobile? Quels sont les concurrents étrangers qui représentent les plus grandes menaces pour ces entreprises?

5 Choisissez un secteur de l'économie française, comme par exemple le petit commerce, la plomberie, la restauration, etc où les Pme sont toujours importantes. Comment explique-t-on la réussite de ces entreprises?

B *Texte de compréhension*

LES BONNES OEUVRES DES ENTREPRISES

De plus en plus, elles privilégient l'action humanitaire et discrète au détriment d'autres opérations. Priorité des priorités: les enfants et la santé.

Fini les danseuses des PDG! Le mécénat d'entreprise, pour rehausser son propre prestige en même temps que celui de sa société, change de visage. Certes, le parrainage de grandes manifestations culturelles est encore de bon ton pour l'image de marque. Le succès actuel de l'exposition Toulouse-Lautrec au Grand Palais, qui n'aurait jamais vu le jour sans le concours financier de Beghin-Say, est là pour le prouver. Mais, en ces temps moroses, les sensibilités évoluent et l'élitisme paraît superflu. Banques et compagnies d'assurances qui avaient investi à grands frais dans l'art contemporain ont été échaudées par l'effondrement de ce marché spéculatif. Résultat: la tendance est de plus en plus au mécénat qui ne se voit pas. Mais qui se rend utile en soutenant des causes humanitaires ou des programmes de recherche médicale: l'UAP contre le sida, Paribas contre la mort subite des nourrissons, France Télécom à la rescousse des autistes, plaquettes d'information dans les hôpitaux éditées par les AGF, sonorisations spéciales de films pour aveugles (avec voix off décrivant les scènes) financées par le Crédit Lyonnais, aide aux enfants défavorisés des banlieues soutenue par Gaz de France, etc.

157

Significatif: les compagnies d'assurances ont consacré l'an dernier à ces deux secteurs de mécénat 17 millions de francs, contre 8 en 1988. Jusqu'ici très axé sur le cinéma, le GAN étudie maintenant des actions dans la santé. '1991 a été une année charnière où beaucoup de sociétés se sont penchées sur le mécénat humanitaire', constate Anne-Françoise Khanine, qui étudie ce phénomène au Capa (Comité d'action pour la productivité dans l'assurance).

Un retournement est bel et bien en train de s'opérer, et le culturel stagne tout en représentant encore plus de 50 pour cent des budgets mécénat avec 750 millions de francs. Très révélateur, le succès de ces récents séminaires organisés par la Fondation de France pour les directeurs de communication des entreprises. 'A chaque fois qu'on aborde des thèmes sociaux et médicaux, je refuse du monde', constate Claudie Essig, qui vient de créer un service de conseil en mécénat pour les entreprises. 'Elles viennent chercher des idées de sujets et s'intéressent de plus en plus aux grands projets sociaux.' La nouvelle cible porteuse: les enfants et le monde de la santé. Du coup, une nouvelle manne se dirige vers les hôpitaux. L'Aérospatiale et la SNCF ont financé des maisons d'hébergement; Optic 2000 récupère les vieilles lunettes pour les envoyer au Burkina-Faso; Hachette a équipé le service de pédopsychiatrie de la Salpêtrière d'une bibliothèque de 3 000 livres; Ralph Lauren a financé une salle de jeux à Necker; Sollac aménage la rotonde de l'hôpital Ambroise-Paré et paie la réalisation de fresques au bloc opératoire de l'hôpital Trousseau; le Crédit Lyonnais apporte son concours financier à l'association Rire médecin, des clowns qui font le tour des hôpitaux pour donner un peu de réconfort aux enfants avant et après les opérations chirurgicales. L'Assistance publique a créé sa propre Fondation Hôpitaux de Paris pour mieux collecter les fonds des entreprises et coordonner les programmes d'aides. En deux ans, 8 millions de francs de projet ont ainsi pu être financés par la Fondation. 'Mais on ne cherche pas à se substituer à une carence des fonds publics', explique Bernard Dubois, qui dirige la Fondation Hôpitaux de Paris. 'Ces interventions du privé dans l'hôpital ne sont en rien une ingérence, elles ne touchent que des projets d'amélioration du cadre de vie pas du tout pris en compte par l'administration.'

En cette période de restrictions budgétaires, 'l'heure n'est plus au saupoudrage des fonds, mais à celle des stratégies ciblées', estime Anne-Françoise Khanine. Les grandes sociétés, plutôt que faire n'importe quoi, se recentrent, comme l'UAP ou la BNP sur la lutte contre le sida. 'On était tellement sollicité tout le temps qu'on a décidé de se consacrer à une seule cause, la réinsertion des jeunes handicapés', explique Yves Maquerre, secrétaire général de la Fondation BMW. Le constructeur automobile a ainsi participé à la construction à Paris d'un centre hôtelier pour sportifs handicapés et apporte son concours pour envoyer des jeunes aux Jeux Olympiques de Barcelone. 'Nous avons pris le parti d'un mécénat de l'ombre,' insiste Yves Maquerre, 'on le fait par pure charité, car nous en avons les moyens, voilà tout.' Une discrétion de bon aloi qui est de plus en plus partagée. 'Bien faire et laisser dire, tel est notre principe, déclare Marc Avelot, en charge de la fondation du Crédit Lyonnais. 'Nous n'avons pas l'obsession de rentabiliser en retour d'image nos prises de participation dans des associations humanitaires. Dès que les gens sentent qu'on fait de la publicité sur leur dos, cela crée un malaise.'

Seuls les Anglo-Saxons ont maîtrisé l'art subtil de valoriser leur mécénat humanitaire, à la fois intelligent et intéressé, et d'en faire un outil de communication externe pour la promotion de leurs ventes. Tel Coca-Cola, qui a lancé l'an dernier en France, avec *Le Journal de Mickey*, l'opération 'Pièces jaunes soleil', où les enfants mettaient dans des tirelires Coca-Cola au rouge bien visible leurs petites pièces de monnaie. Bilan: 1 million de francs récolté pour financer les projets dans les hôpitaux. Et la firme d'Atlanta lance maintenant, à l'échelon mondial, une opération 'Cent millions de dollars pour vaincre le diabète'. McDonald's a ouvert en septembre dernier à Villejuif, et pour la première fois en France, sa 150e maison pour loger des parents d'enfants hospitalisés, juste à côté de l'Institut de cancérologie Gustave-Roussy. Objectif: recréer le cercle familial autour de l'enfant. Ce projet de 20 millions de francs a été financé à 60 pour cent par McDo, à travers ses franchisés, qui ont collecté des fonds par une campagne de sensibilisation dans tous les établissements. Un moyen de renforcer l'image de restaurant de la famille que veut se donner le roi du Big Mac.

Mais, pour l'heure, le mécénat humanitaire français a d'autres visées. Alors que le mécénat culturel ou sportif, tourné vers l'image de marque extérieure, a parfois été mal perçu dans ses dépenses tapageuses par le personnel des entreprises, les actions humanitaires sans publicité apparaissent maintenant comme le meilleur moyen de recueillir l'adhésion des salariés en les impliquant eux-mêmes. Telle est la vraie clé de cette nouvelle tendance.... Ainsi, chez Axa, ce sont les salariés qui ont choisi les deux causes auxquelles l'assureur se consacre désormais: la lutte contre la drogue et l'aide aux handicapés. Axa a réussi à mobiliser parmi ses employés 2 000 bénévoles qui se mettent au service d'associations aussi bien durant leurs loisirs que pendant leur temps de travail. A l'origine de cette initiative se trouve la Fondation pour le mécénat humanitaire, qui conseille une trentaine de grandes entreprises, comme Schneider, Bolloré, Volvo, le Printemps. Pierre Lévy, qui en est responsable, définit ainsi sa philosophie: 'L'humanitaire donne mieux qu'une image à l'entreprise, il lui redonne une âme.'

Phillippe Genet, *Le Point*, 21 mars, 1992.

---

mécénat (m) **(d'entreprise)** sponsorship (by companies)

parrainage (m) support, backing (also a kind of sponsorship)

de bon ton = être de règle, être de mise it is good manners to do something

concours financier (m) financial support

échaudé scalded

rescousse (f) saviour

voix off with voice or sound added off-camera

année charnière (year of) a turning point

cible (f) **porteuse** major target market

carence (f) shortfall, inadequacy

ingérence (f) interference

saupoudrage (m) sprinkling, dispersal

réinsertion (f) redeployment

un mécénat de l'ombre a hidden sponsor

de bon aloi worthy

tirelire (f) moneybox

tapageur showy

Questions sur le texte

1 Quel a été le rôle de la société Beghin-Say lors de l'exposition Toulouse-Lautrec?

2 Selon le texte, pourquoi les sociétés financières quittent-elles cette activité de parrainage?

3 Vers quelle cible s'orientent-elles maintenant?

4 Cherchez dans le texte des exemples de projets sociaux destinés aux enfants.

5 Pourquoi les fondations se concentrent-elles sur des causes spécifiques?

6 La politique d'action humanitaire des fondations BMW et Crédit Lyonnais est celle d'un 'mécénat de l'ombre'. Comment les responsables des deux fondations expliquent-ils cette stratégie?

7 Comment Coca-Cola exploite-t-elle le mécénat en tant qu'outil publicitaire?

8 Quel est l'intérêt commercial, voire marketing, du projet de McDonald's à Villejuif?

9 Expliquez la perception négative du mécénat culturel ou sportif de la part du personnel des entreprises.

10 Quelle est donc la clé du mécénat humanitaire à l'heure actuelle?

Activités

1 Le mécénat humanitaire n'est pas encore très répandu en Grande-Bretagne, ce qui n'est pas le cas pour le mécénat sportif. Pour chacun des sports suivants, trouvez des noms d'entreprises qui ont parrainé des événements sportifs, des équipes ou des individus: le tennis; le cyclisme; le football; la natation; la course de motos; et l'équitation. A votre avis, pourquoi ces entreprises ont-elles choisi un sport, un individu ou une équipe plutôt qu'un autre?

2   Le parrainage des entreprises des concerts de rock, des expositions de peinture, des musées etc, apporte un important avantage financier aux artistes et aux organisateurs. Existe-t-il aussi des inconvénients?

3   En France, les écoles de commerce participent tous les ans à des concours de voile. Cette activité est relativement chère. Les étudiants qui veulent y participer cherchent des entreprises qui peuvent leur apporter un soutien financier. Votre école a décidé d'y participer cette année. Divisez-vous en groupes de quatre à six étudiants. Examinez les démarches que vous allez entreprendre pour rechercher des industries susceptibles de vous parrainer. Vous devez déterminer:

(i)   Le type (et éventuellement les noms) d'entreprises locales ou nationales qui peuvent être intéressées.
(ii)   Les arguments que vous allez utiliser pour persuader ces entreprises de vous apporter leur aide.
(iii) La démarche publicitaire que vous allez effectuer.

4   **Réunion débat: quel mécénat?** Le PDG de la société Dupont, grande entreprise qui commercialise des boissons non-alcoolisées, a décidé, après avoir lu l'article du texte de compréhension, d'étudier les possibilités de parrainage par la société. Il réunit le comité d'entreprise pour entendre des propositions des différents services de l'organisation. Après une discussion préliminaire, trois propositions semblent être retenues:

Groupe A: Le service marketing propose de sponsoriser la tournée européenne de Guns'n'Roses, un groupe de rock américain qui attire un public surtout jeune. La participation financière dans la tournée serait très chère; la publicité qui en résulterait pour Dupont serait néanmoins énorme, l'un des concerts à Wembley Stadium sera télévisé et diffusé dans toute l'Europe.

Groupe B: Le service comptabilité propose le parrainage d'une série d'expositions de grands peintres à la Tate Gallery de Londres. Celles-ci attireront un public local et touristique et surtout adulte. La participation financière étant assez modeste, le budget proposé par le PDG pour le mécénat permettrait deux ans d'expositions de plusieurs peintres.

Groupe C: Le service du personnel propose un mécénat humanitaire. Dupont est le plus important employeur dans une grande ville où est située un hôpital pour enfants chroniquement malades. Le projet consisterait en activités sociales pour les enfants et en un soutien pratique pour les parents. Toute publicité est interdite, sauf le bouche à l'oreille.

La classe se divise en trois groupes pour discuter les trois propositions.

C *Grammar*

The conditional

The conditional in French is usually used to express the same notion as <u>would,</u> <u>could</u> or <u>should</u> in English, though these words are not always the correct translations of the conditional in French. While the formation is fairly straightforward, some care is required in using it, as the tone or nuance of the language may be affected.

Formation

(i) The **conditional** is formed the same way as the future tense, by adding endings to the infinitive, this time, the endings *-ais,-ais, -ait, -ions, -iez, -aient* of the **imperfect** of *avoir*. Thus, irregular verbs in the future will have the same irregularity in the conditional tense.

	future	*conditional*
Conserver	je conserverai	je conserverais
Finir	tu finiras	tu finirais
Sortir	il sortira	il sortirait
Prendre	nous prendrons	nous prendrions
Etre	vous serez	vous seriez
Avoir	ils auront	ils auraient
Falloir	il faudra	il faudrait

(ii) The **conditional perfect** is formed by using the conditional of *avoir* or *être* plus past participle.

Conserver	j'aurais conservé
Finir	tu aurais fini
Sortir	il serait sorti
Prendre	nous aurions pris
Etre	vous auriez été
Avoir	ils auraient eu
Falloir	il aurait fallu

Uses

The following situations require the use of the conditional.

(i) **Hypothesis or conjecture.**

Les entreprises seraient plus compétitives avec une taille plus grande.
(Businesses would be more competitive if they were bigger.)

Je connais quelqu'un qui pourrait te renseigner.
(I know someone who might be able to give you some information.)

The following usage is found typically in the press:

D'après les sondages, la cote du chef de l'Etat aurait baissé.
(According to the opinion polls, the rating of the head of State has gone down.)

Note the use of the present perfect tense in English.

(ii) **Politeness.** As in English, the conditional offers a polite alternative in requests and commands.

Je voudrais visiter les ateliers de montage Peugeot.
(I would like to visit the Peugeot assembly lines.)

Je vous serais reconnaissant de me faire parvenir votre catalogue dès que possible.
(I would be grateful if you would send me your catalogue as soon as possible.)

(iii) **Expression of a future idea:** especially after verbs or expressions such as *être sûr/ certain que, annoncer que, affirmer que, déclarer que, dire que* in the past tense.

Le PDG a annoncé que la fusion aurait bientôt lieu. Mais il a promis que personne ne serait licencié.
(The managing director announced that the merger would soon take place. But he promised that nobody would be made redundant.)

La secrétaire m'a affirmé qu'elle finirait son travail avant de partir.
(The secretary assured me that she would finish her work before leaving.)

J'étais sûr qu'on nous inspecterait d'un moment à l'autre.
(I was sure that we would be inspected at any time.)

(iv) **'If' clauses:** *si*, and derivatives: *même si, sauf si, excepté si, comme si*. A condition of the present situation is expressed with the simple past tense followed or preceded by the present conditional in the main clause.

Si j'avais le temps, je suivrais un stage en management.
(If I had the time, I would go on a management training course.)

Si nous avions les fonds nécessaires, nous monterions une S.A.R.L.
(If we had the necessary funds, we would set up a limited company.)

Elle n'accepterait pas le poste, même si le directeur du personnel insistait.
(She would not accept the position even though the personnel manager insisted.)

Il irait à Lyon demain, sauf s'il avait une réunion urgente au dernier moment.
(He would go to Lyons tomorrow unless he had an urgent meeting at the last moment.)

Comme si ça ne suffisait pas avec tout ce que j'ai à faire, il voudrait encore que je lui donne un coup de main après 6 heures!
(As if it were not enough, with all the work I have to do, he wants me to help him after 6 pm!)

A condition or past condition is expressed using the **past perfect** in the main clause, followed or preceded by the **past conditional** in the *si* clause.

Je vous aurais volontiers passé le rapport sur l'OPA si vous me l'aviez demandé.
(Had you asked me, I would willingly have given you the report on the take-over.)

(v) Other common expressions which require the conditional in French are: *au cas où* and *quand bien même*.

Au cas où ma voiture ne serait pas réparée, j'aurais du mal à me rendre au siège de Vélizy.
(If my car were not repaired, I would find it difficult to go to the Vélizy head office.)

Quand bien même on ferait des restructurations, on aurait des difficultés à remettre la société sur pied.
(Even if there were some restructuring, it would be very difficult to put the company back on its feet.)

⌕ Structural exercises

A Someone makes you an offer you cannot refuse. Respond enthusiastically, as in the example.

Ca vous dirait d'aller aux Antilles?
Ca oui alors! J'irais volontiers.

A vous maintenant

1 Ca vous dirait de boire du Calvados?
2 Ca vous dirait de travailler dans notre filiale de Sophia Antipolis?
3 Ca vous dirait de reprendre de ce magret de canard?
4 Ca vous dirait de vous rendre au congrès de Poitiers?
5 Ca vous dirait de faire partie de l'équipe de marketing?

B Give a conditional answer to the following direct questions, as in the example.

Si la récession continue, nous ferons faillite?
Oui, si la récession continuait, nous ferions faillite.

A vous maintenant

1 Si vous êtes à Lille cet été, vous passerez voir notre filiale?
2 Si ça marche bien, nous pourrons être cotés en Bourse?
3 Si nous faisons une pub mensongère, nous serons poursuivis en justice?
4 Si l'Etat n'enraye pas le chômage, la situation deviendra catastrophique?
5 Si nous investissons en fabrication de produits propres, nous aurons un avantage compétitif?

C Because of a past action, you are told something is now inevitable. You say it would have happened anyway. Listen to the example, and respond to the following points in the same way.

Comme on ne l'a pas invité, il ne viendra pas au symposium.
Même si on l'avait invité, il ne serait pas venu.

A vous maintenant

1 Comme elle n'a pas été promue, elle démissionnera.
2 Comme vous n'avez pas voulu vous déplacer, on ne vous confiera rien d'important.
3 Comme leur maison n'a pas été évaluée, ils ne pourront pas la vendre au prix du marché.
4 Comme je n'ai pas fait le stage en desk top publishing, on me renverra.
5 Comme ils n'ont pas fait assez de ventes, ils devront fabriquer des produits de meilleure qualité.

Written exercises

A Fill in the gaps with the following verbs. (Some verbs may be used more than once.)

Agréer, aimer, avoir, être, faire, passer, pouvoir, prendre, répondre, rester, savoir, situer, vouloir.

```
Monsieur,

    Ma femme et moi (...) (...) une semaine dans votre hôtel
centralement (...) du 16 au 18 juillet prochain inclus.
    Nous (...) (...) si par hasard il vous (...) une chambre
avec lit de deux personnes, salle de bains et toilettes de
libre pour la période indiquée ci-dessus.
    (...)-vous nous (...) (...) une liste de vos prix, petit-
déjeuner compris.
    En outre, (...) -il possible de (...) les repas, soit à
midi, soit le soir, et d'(...) ainsi un prix de demi-pension.
    Nous vous (...) reconnaissants de nous (...) le plus rapide-
ment possible de façon à ce que nous (...) prendre nos dispo-
sitions.
    Dans l'attente de votre réponse, (...) (...), Monsieur,
l'expression de nos sentiments les meilleurs.




Robert Delaunay
```

B Transform the following direct questions into reported questions, as in the example.

Monsieur Colin, à quelle heure commencera la réunion syndicale?
J'ai demandé à Monsieur Colin à quelle heure commencerait la réunion syndicale.

1 Madame Marouille, qui ira avec vous à Toulouse?

2 Bernard, quand signera-t-on le contrat avec la société Ducros?

3 Dites-donc, Mademoiselle Béron, pourquoi faudra-t-il passer le dossier X20 au service ventes?

4 Monsieur Chardin, quand aura lieu la prochaine réunion du comité d'entreprise?

5 Dites-moi, Jean-Claude, où se passera l'assemblée extraordinaire des actionnaires?

C It is more polite to use a conditional when you are making a request. Translate the following into French:

1 Would you be kind enough to tell me the names of the personnel representatives in the company?

2 It would be nice of you if you booked a room for them at the Novotel.

3 I would like to put you in charge of organising a tour of the factory next Thursday.

4 We would be most obliged if you would forward us an up-to-date price list of your green products as soon as possible.

5 I would be grateful if you could make an appointment to see me during my next stay in Bordeaux. I shall be there from the 21st to the 27th of this month.

D Match the phrases (1–5) on the left with the appropriate phrase from the list on the right (a–e):

1 Si c'était une société anonyme

2 Si cela avait été une société anonyme de type traditionnel

3 S'il s'agissait d'une société civile

4 Si notre société avait réuni les conditions requises

5 Si le second marché n'existait pas

(a) elle aurait été une activité commerciale.

(b) ce serait plus difficile de passer au marché officiel.

(c) elle aurait pu être cotée en Bourse.

(d) les associés seraient responsables jusqu'à concurrence de leur apport.

(e) elle aurait été dirigée par un PDG.

D *Business language skills*

La technique du résumé

Un chef d'entreprise n'a jamais le temps de lire tout ce qu'on lui donne à commenter, ni d'assister à chaque réunion ou conférence qui l'intéresse. Il a néanmoins besoin de beaucoup d'informations avant de prendre des décisions; il s'informe donc par l'intermédiaire de ses collaborateurs, à qui il demande de *résumer* des documents, des discussions et des présentations qui lui semblent utiles.

Résumer, c'est réduire à l'essentiel le contenu d'un document, un exposé ou les faits d'un événement et le transmettre au lecteur le plus rapidement possible.

Cette démarche nous oblige souvent à ne pas suivre le fil du document, mais, au contraire, à organiser ses différents aspects en une structure qui donne au lecteur une vue nette du sujet traité.

Les 5 phases du résumé peuvent être définies comme ceci:

- La lecture et l'écoute attentive du sujet, soit la **réception**.
- La prise de notes, soit l'**enregistrement**.
- Un tri de l'information enregistrée, soit la **rédaction**.
- L'organisation de l'information et des idées, soit la mise en place d'une **structure**.
- L'expression lucide des idées, soit l'**exposition**.

La préparation – s'il s'agit d'une conférence il est recommandé, si possible, de s'informer d'avance sur la durée du document et le thème qui sera traité.

La prise de notes – il s'agit de capter l'essentiel du sujet de façon à s'en souvenir ou à pouvoir le transmettre à quelqu'un d'autre.

Vous aurez à réaliser constamment par l'écoute et le regard trois opérations:

● dégager l'essentiel du détail;
● le synthétiser;
● indiquez les exemples ou les anecdotes qui illustrent les idées par un ou deux mots clés.

Utiliser une petite sténo – des mots d'emploi courant sont abrégés au moyen de leurs initiales:

qd = quand
st = souvent
tt = tout
bp = beaucoup
pb = problème, etc.

Les fins de mots sont représentées par un trait – + une de leurs lettres:

lente–t = lentement
ratio–t = rationnellement, etc.

Certains signes représentent certains termes de la langue:

> en expansion – supérieur à
< en régression – inférieur à
≠ différent
≃ sensiblement égal à
× multiple
-> conséquence, etc.

Immédiatement après classez vos notes; c'est le moment de donner des titres aux différentes parties de la prise de notes et de voir apparaître la structure de l'exposé.

La rédaction – la prochaine étape de l'exercice consiste à repérer les points essentiels du document. Citons par exemple: causes du fait central, conséquences, comparaisons avec des faits similaires, solutions possibles, etc. Essayez de répondre à cinq questions-clés:

1 De quoi s'agit-il?

2 Quels sont les problèmes discutés?

3 Quelles solutions alternatives sont proposées?

4 Quels exemples de ces problèmes ou solutions sont cités?

5 Quelles conclusions peut-on en tirer?

En faisant un tri de l'information, on supprime surtout la répétition des arguments, et on n'ajoute jamais d'information nouvelle au résumé.

La structure et l'exposition du document. Avant d'écrire le résumé, il faut retrouver la structure du document, c'est-à-dire son plan. Tout plan de résumé aura une introduction, un développement et une conclusion. L'introduction doit surtout annoncer le sujet – une phrase suffit.

Ayant fait le plan du document, on divise s'il y a lieu les grandes parties en subdivisions. On repère dans chacune d'elles: des mots-clés porteurs de l'idée ou du fait exprimé; des exemples ou des anecdotes qui expliquent l'idée ou fait commenté.

A partir des mots clés, on construit une phrase qui exprime clairement et exactement l'essentiel de l'idée. On relie ensuite les phrases différentes du résumé par les termes d'articulation qui font apparaître la logique du document.

La conclusion du résumé doit synthétiser les arguments, c'est-à-dire rassembler en une ou deux phrases ce qui a été dit pour en venir à désigner clairement le point de convergence des différentes parties du document.

Activités

Faites un résumé d'un des documents suivants:

(i)   la présentation sur les transports routiers (Unit 6);

(ii)   le texte d'introduction sur la publicité;

(iii) un passage d'une bande vidéo que vous aurez vu dans votre cours de français.